數位教養

記者媽媽的聰明教養提案

翻轉教育專欄作家｜旅美資深記者
曾多聞——著

目錄

Chapter 2 網路世界的隱私與安全

Chapter 3 數位足跡與網路身分

推薦序——

網路世界，就是孩子的現實世界

楊惠君
非營利媒體《報導者》分眾報總監

對於我這樣從手寫稿開始進入新聞業的記者而言，早年數不清有多少報導以「網路時代……」開頭，算算這個「網路時代」用句持續了二十多年，會如此強調的人如我輩，正因我們是從「沒有網路的時代」走來，見證並且橫渡兩個交錯的時代，而一直意識到那個鴻溝。二〇一九年，我與《報導者》的同事進行了一次網路交友專題採訪，一名二十多歲的年輕受訪者說：

會選擇交友軟體交朋友，不是因為自己在真實生活中交友困難，而是，「網路就是我們現實生活的一部分」。它還能設定喜好條件，去除掉「摸索」的時間，網友只是交友的一個管道，它不一定比實境的朋友更虛假。

這句話擊碎了我一直以來將現實／網路二分化的「刻板遺碑」。

如果把時間再拉近一點，現今十歲上下的孩子，腦海裡是完全無法想像「一個沒有網路的世界」。他們打從出生起，看YouTube比電視多，有個人「社交圈」後，可能就有LINE、有ＩＧ帳號，玩抖音一次就上手。二〇二二年七月，我的另一組同事製作了「VTuber虛擬直播主」的報導，點閱迴響超乎我們想像的熱烈；專題推出一個星期後，我參與閱讀基金會舉辦的國中、小的線上探究競賽活動——該活動在帶領學生鎖定議題，學習、判斷與整合網路資訊，再寫出事實歸納與觀點，我驚訝發現，好幾個參賽的學校隊伍題目，都在探討這個「虛擬網紅」議題，比媒體還熱、還領先。蔡依林、周杰倫、五月天……，恐怕是已從孩子的「偶像名單」裡消失，取而代之的是「桃鈴音音」、「桐生可可」、「鳥羽樂奈」等等虛擬偶像。

再一次，我的認知秩序被重整，VTuber快速取代了Youtuber。二〇二一年全年，YouTube的Super Chat贊助排行前十名中，VTuber佔據前九名，僅有一名是真人YouTuber。虛擬中的虛擬，正是我們孩子身處的「比真實更真實」的世界——在網路上，他們汲取資訊、他們探索世界，他們也在這裡發展人際關鍵、投射對各種事務的好奇與熱情。

因為籌設《報導者》兒童新聞，近來密集與中小學的老師們交流，問及現今教學現場最大的困擾，幾乎每一個老師答案一致都是「網路霸凌」。每一個學期、每一個新帶的班級，都會一次又一次處理這個棘手問題。小學生就會創建一個獨獨不邀請某人的「班群」，操作對這個人的排擠，而沒有在教室裡公然發生具體的糾紛、衝突事件，師長不一定可以立即發現，即便發現亦不容易介入處理。二〇二一年臺灣社會發生一樁令人心痛的悲劇，一名由臺大休學去拍情色片的女學生，在網路陳述悲慘童年和罹患憂鬱症的歷程而成網紅，幾次流露出輕生念頭，最終竟在眾所關注之下，仍在臺大校園內跳樓身亡。溯源其憂鬱根結，除了原生家庭的問題，中學時期遭同學網路排擠霸凌，亦是她哽在心頭揮之不去的夢魘。

網路鋪成的真實世界，是否更邪惡或更危險？無法簡單下結論，但是，對於家長而言，肯定是更難以掌握。

過往，孩子對交友或貪玩有疑義，可以禁足、可以透過老師和朋友掌握孩子行蹤；電視看太久，可以控制搖控器。現在，孩子人在家中坐，便可以潛入另一個無可測知的「黑洞」。家長往往理所當然，循自己成長的經驗法則，限制電腦上網、沒收手機，這在孩子接觸數位載具當下就建立起規則，還或許容易；一旦上網已經成了日常、甚至使用成癮，再以強制手段去管理，不只親子間的磨擦更劇，更是一個「危險」的舉動。

二〇一八年世界衛生組織（WHO）就將網路成癮（「網路遊戲障礙」）列入精神疾病分類，幾年前，臺北馬偕醫院兒童青少年心智科臧汝芬醫師聊起她對此一現象的憂心，她憂心的不只是網路成癮的盛行率持續增長，還有家長的「錯誤處置」，一發現管不住孩子後，一味禁絕。但這種「成癮」如同「數位毒癮」，孩子也會有「戒斷症狀」，她門診裡，有太多小小年紀的孩子，因為遭不當戒斷，而陷入憂鬱症、甚至有自殺舉動。如今，許多醫院的兒童心智科門診，直接改為「網路成癮門診」，就為了喚起社會重視，而醫師們想要治療的，其實不只是孩子，更是家長。

除了網路霸凌、成癮這樣顯著的傷害，站在媒體角色來看，更難以具體呈現與評估的，還有「資訊陷阱」。法國兒少媒體米蘭新聞社《Milan presse》二〇二一年曾針對兒童和青少年做了一項調查，發現八五%的十至十五歲孩子曾遭網路陰謀論引誘，然而，雖然對於網路訊息抱持高度懷疑，但六九%的孩子並不會再去尋求和確認訊息來源和真實性。網路上各式真假難辨的訊息，不僅恐令孩子誤陷誘捕的犯罪陷阱，還可能扭曲他們價值觀的形塑。過往，媒體工作的「對手」是競逐新聞的同業，現在，我們的「敵人」其實是這些假訊息、內容農場、網紅、娛樂社群……，我們得和這些都在「同一個平臺」的對手，去爭搶孩子的眼球。媒體工作，不只在挖掘重要的新聞，新的時代任務是，我們還得展現「新聞後臺」、解釋新聞工作如何進行、完成，擔負起媒體識讀的社會教育工作。

儘管如此，數位時代並不全然黑影幢幢、全面崩毀。它確實把人類生活推展到另一個境界，某方面也推倒了資訊與知識的高牆，如能擅用與管理，能讓孩子心智成長更不受限制和框架，去到更遠更高的地方。然而，如何能駕馭網路、而不讓孩子覆滅於網路，其實，需要指引與指導的，正是「腦裡還殘留著現實／網路二分法」的大人們，我們需要虛心學習與重新架構對網路世代的認知，同為媒體出身的曾多聞女士，亦因其職業的敏感性與對時代的焦慮感，完成了這本實用性高、面向多元的《數位教養：記者媽媽的聰明教養提案》，如同給了進入到茫茫網路新時代裡無法理出教育方向與座標的家長們，一個找到出口的指北針。

作者序——

孩子和大人的教育都不能等

二〇二〇年開春以後，幾個震驚社會的重大新聞，從韓國N號房事件、德國性侵犯網路交換兒童私密照、到引誘兒童自殘的藍鯨遊戲入侵臺灣，終於迫使我提筆寫這個其實從很久以前就想寫的題目：數位公民素養。

我在九年前轉型成為教育記者之前，有長達十年的時間是社會記者，主跑跨國犯罪及災難新聞。我到過毒品戰爭期間的墨西哥，也去過受世紀震災重創後的海地。這些都是那時地球上最危險的地方，當時年輕的我，怎麼都無法想像，十年以後人類會創造出一個虛擬宇宙，比這些地方都更危險。

我跑的最後一條犯罪新聞，是剛生下大寶、剛休完育嬰假的時候，美國移民及海關執法局（Federal Immigration and Customs Enforcement，簡稱ICE，隸屬美國國安部偵辦跨國犯罪的單位）破獲跨六國兒童色情片製作集團，逮捕五十餘人，救出被擄兒童一百餘人，起出光碟片數百張，該集團拍攝的影片實在令人髮指。那天我在記者會上吐了。我真的吐了。

當媽媽以後我變得貪生怕死，改跑醫療與文教新聞。我以為我再也不必接觸這種討厭的事，但串流傳輸時代來臨以後，兒少剝削及侵害，透過網路只有更加嚴重，而且沒有國界。

近年來，美國公立學校以及很多私人教育機構都在致力推動小學數位公民教育，有一些觀念很值得介紹給國內借鏡。例如什麼是數位公民素養，為什麼要建立數位公民素養，以及怎麼樣用生活化的方式，讓數位公民觀念從小扎根。目前美國公立學校的數位公民教育是從五歲起實施。

談到網路安全教育，不只是小孩的教育不能等，大人的教育更是不能等。很多人會以為網路上流傳的兒少私密照都是壞人拍的，或是壞人誘騙兒少自己拍的，但佛羅里達州立大學法學院教授史黛西・斯坦伯格（Stacey Steinberg）在其著作《成長被分享》（暫譯，*Growing Up Shared*）中引用調查指出，很多嬰幼兒私密照是父母自己拍來曬小孩的，因為覺得小寶寶嘛，露出屁股也沒關係，殊不知兒少性剝削的受害者年齡已經下降到嬰幼兒，這些圖像都有可能被有心人士截圖利用。

數位公民素養涉及的範圍很廣，除了兒少侵害等網路安全問題，本書還討論了網路成癮、數位足跡、網路霸凌、媒體識別等議題。在寫作的過程中，我發現：數位公民教育真正的挑戰，並不是網路時代的教養問題更複雜，而是數位時代已經來臨，數位公民教養必須從小啟動，不能再等待。

而教養一個數位好公民，最重要的，是家長先自律。這項覺察，是我最大的收穫。一邊寫書，一邊調整自己使用網路的習慣，成書的同時，我自己也能更有自信的與孩子一起享受數位生活。我可以跟三年級的大寶討論他在網路上看到的新聞，讓幼兒園的小寶下載經過媽媽挑選的電子書來看。只要掌握好原則，就可以克服恐懼，最大程度降低 3C 產品的風險、享受數位科技的好處。而這種自由，就是我衷心希望有緣讀到這本書的讀者朋友，都能夠享受到的。

二〇二二年六月六日　寫於美國聖地牙哥

前言——

幫助孩子掌握自己的數位生活

我第一次採訪「數位教育」這個主題，是在二〇一四年。當時我以一篇六千字的深度報導，講述美國加州貧窮的河邊市如何發揮創意，達成全市每個學齡兒童家裡都有電腦與寬頻網路可用的目標。當年，數位教育的主要目標，還停留在如何普及電腦與網際網路、如何教孩子利用網路資源來學習。

近十年後的現在，我們已經進入網路時代，所有的孩子都是數位原住民，一出生就活在社群媒體、串流傳輸和智慧型3C產品的世界裡。社群媒體出現以後，家長之間曬小孩風潮盛行，多數孩子在手指還沒碰到3C產品以前，就已經在網路上留下一大串他們自己不能控制的數位足跡。

於是，數位教育的目的，不再是普及網路或教孩子利用網路資源，而是讓孩子具備一套完整技能，幫助他們自在的參與數位社會、在網路世界裡做出聰明的選擇、做自己數位生活的主人。這一套技能，就叫做「數位素養」，或者「數位公民素質」。

在多數人還不知道什麼是數位素養時，一群有識之士已經開始從事研究、累積經驗。哈佛大學教育學院從零歲起（Project Zero）專案，從二〇一二年開始進行相關研究，並與非營利教育智庫常識媒體（Common Sense Media）合作設計教案，可以說是數位公民教育的先驅。今天，我們很幸運可以吸取他們的經驗，不用從零開始摸索。

的確，推動數位公民教育已經從一個嶄新的觀念，發展成美國教育界的普遍共識。常識媒體副總監門多薩（Kelly Mendoza）博士有十幾年領導相關課程設計的經驗，她指出，全美有一百二十萬名各級學校教師使用常識媒體設計的數位素養課程、估計約七成美國學校教師會在課程中或多或少納入數位公民教育內容。

近年來，數位公民教育在美國受重視的程度，甚至國安專家都加入行列，大規模推動數位公民教育。佛羅里達州教育局於二〇二一年初宣布與國家安全智庫新美國基金會（New America）合作，將於二〇二二年秋季班開始，將數位公民教育納入該州公立學校正式課綱。

新美國基金會資深研究員、網路安全專家辛格爾（Peter W. Singer）說：「數位素養不只是教育議題。這是國安議題。」指出數位社會成長的同時，虛假、扭曲、不實的訊息，以及陰謀顛覆政府的言論也隨之成長，讓網路世界變成一個有潛在危害的地方，會助長極端主義、侵蝕民主憲政的基礎。

不論是從保護個人資料還是國家安全的觀點出發，門多薩與辛格爾都呼籲，數位公民教育應該由國家級的教育部門主導，引領全民共識，在學校裡、家庭中同時推動。但這是一個巨大的挑戰：因為美國聯邦教育部的權限很小，教育政策多半由各州各學區自行主導，另有特許學校、私立學校、實驗教育等種種不同的「體制外」教育系統。辛格爾就說：「美國總共有一萬多個大大小小、不同的教育體系。」

門多薩指出，為了在這些彼此差異不小的教育體系中推動數位公民教育，課程設計必須符合共同課綱的大方向：在美國，這意味著必須符合聯邦共同核心教學標準（Common Core）的讀寫課綱，以及由學術、社會及情緒學習協會（Collaborative for Academic, Social, and Emotional Learning，CASEL）制定的社會課綱。目前，美國多數學校將數位公民教育納入閱讀或社會課程的一部分。

常識媒體教師參與經理托茲（Sue Thotz）博士長期扮演該智庫與第一線教師聯繫的橋梁，她指出在設計教材時，要考慮的是學區、而非聯邦教育部或個別教師的需求：「教材能為地方教育體系所用，才能發揮影響力。」

我們可以從美國經驗看出，數位公民教育對國民素質與國家安全至關重要，應該由國家最高的教育機構來領導推動。但是發展出一套能為國家所用的數位公民教育課程，需要好幾年的時間。在這之前，我們可以先從家庭教育出發：托茲早在二〇一一年就投入推動數位公民教育的工作，當時採用的手段就是先介入家庭教育，引導家長在家庭中培養孩子的數位素養。

數位公民教育在美國已臻成熟；而在國內，由於缺乏數位公民教育，延伸而來的兒少侵害、網路霸凌等，正是迫切的議題。這是一本以實證為基礎、寫給家長看的數位公民教養指南，搭配寫給孩子看的《數位小公民養成記》，家有學前兒的家長也能及早開始培養孩子的數位素養。當中有很多點子，不但適合家長在家中使用，也適合老師行有餘力時在課堂上利用。

透過本書，我希望討論當代家長在數位教育方面最擔心的問題、提供方法給家庭與學校來為孩子裝備未來公民所需要的數位素養，更希望提醒社會大眾重視數位公民素養的重要性，為推動數位公民教育成為全民共識創造一個好的開始。

CHAPTER 1

數位時代的身心健康

家有學前兒

「平衡」最重要

相信許多家長都有這樣的經驗：讓家中的幼兒使用智慧型手機等有螢幕的3C產品一段時間後，告訴他們：「時間到了！手機還給爸爸／媽媽」的時候，孩子往往開始大吵大鬧、不肯歸還手機，並且開始對原本很感興趣的日常活動顯得興趣缺缺。

這不是你的錯覺：加拿大阿爾伯塔大學（University of Alberta）研究[1]發現，五歲以下幼兒，每日使用螢幕超過兩小時者，經常出現對日常活動難以集中注意力的現象，而且這些幼兒出現臨床注意力不全過動症的機率，是每日使用螢幕三十分鐘以下幼兒的七倍。同時，使用螢幕時間愈長的幼兒，愈容易出現暴躁等情緒問題。

學前兒的學習重點

- 何時、以及為什麼在使用３Ｃ產品時需要休息。
- 在從事有趣的線上活動時，也要考慮自己和周圍他人的感受。

這並不是說絕對不能讓五歲以下幼兒使用有螢幕的３Ｃ產品，而是家有幼兒的我們，應該在網上活動與離線活動之間取得恰當的「平衡點」。要怎麼做到這一點呢？大原則其實很簡單：讓孩子了解，在決定何時、何地使用３Ｃ產品，以及使用多久時，應該考慮自己和他人的感受。

網上與離線活動之間的「平衡」，對五歲小孩來說是一個很抽象的觀念，但是我們可以用具體的方式來解釋，讓孩子理解網路平衡的重要性，並引導他們留意自己使用３Ｃ產品的習慣、覺察３Ｃ產品對他們的行為會造成什麼影響。

1 皮亞舒・曼德哈恩（Piush Mandhane）等：*Screen-time is associated with inattention problems in preschoolers: Results from the CHILD birth cohort study*，暫譯〈出生世代研究顯示螢幕時間與學齡前兒童注意力不集中問題有關〉。PLoS One 期刊，2019 年 4 月 17 日。

我們可以向孩子說明：「平衡」很重要，對你很重要，對爸爸媽媽、對每個人都很重要。「平衡」就是兩個東西一樣重，或者一樣重要。你的兩條腿都一樣重，所以可以穩穩的站在鞋子裡。如果一條腿重、一條腿輕，就會摔倒。這是看得見的平衡。然而，有一種「平衡」看不見，就是玩3C產品的時候。如果玩太多手機或平板，花太多時間在螢幕世界裡，真實世界裡的你就會愈來愈輕、愈來愈輕……最後真實的你就不見了！

那要怎麼樣才不會不見呢？我們可以跟孩子約定：

- 可以玩網路世界裡的遊戲，但也必須結交並善待真實世界裡的朋友。
- 永遠不要為了網路世界裡的遊戲而冷落真實世界裡的朋友。
- 每天玩電腦遊戲的時間，不可以比在戶外玩耍或者運動的時間還長。
- 到了睡覺時間就要把3C產品關掉，且不可以放在睡覺的房間裡。

下一次，當我們要求孩子歸還手機或平板，而他開始大哭大鬧的時候，可以提醒他：「你看，玩手機有讓你更快樂嗎？好像沒有耶！你看，手機反而害你生氣了！」引導孩子觀察3C產品對他的情緒造成了什麼影響。

家有小學低年級生

覺察自己的感受，制定無螢幕時間

當孩子開始意識到「玩手機／平板不一定會讓我更快樂，有時候反而會害我生氣」時，我們引導孩子「使用3C產品時，要時時傾聽自己的感受」的時機就來了。

「傾聽自己的感受」非常重要，因為這是孩子學會在網路世界保護自己與尊重他人的第一步。臺灣兒童福利聯盟二〇二〇年對全臺中小學生進行的「兒少網路隱私與網友互動調查」指出，五分之一的兒少曾遇到網友提出交換私密照等特殊要求，雖然覺得怪怪的，但卻不懂得釐清自己的感受，而沒有拒絕對方。另一方面，美國國家教育統計中心（National Center for Education Statistics）研究報告則指出，二〇一六學年度有五分之一的高中生曾經被網路或手機簡訊霸凌。兒少心理治療師凱蒂・赫利（Katie Hurley）指出，霸凌本身就是一種缺乏同理心的行為，引導孩子在網路世界裡體諒他人的感受，有助預防網路霸凌。

小學低年級生的學習重點

- 使用3C產品時，可能會產生高興、好奇、不舒服、生氣等情緒。有些情緒是好的，有些情緒是壞的，而理解自己的情緒非常重要。
- 如果在網路世界裡產生了不好的情緒，趕快採取三步驟：先暫停，想一想，提問題！

剛上小學的孩子，或許還不會遇到上述這般複雜的情況，但他們可能已經發現：有時候，3C產品可以幫助我們完成工作，或是從事休閒娛樂；有時候，3C產品卻會使我們分心，無法專注於真正重要的事。因此，兒童心理學家、美國小兒科醫學會委員佩里・克拉斯（Perri Klass）說，每個家庭都需要制定一個「無螢幕時間」，她鼓勵家長引導孩子傾聽自己的感受，親子一起思考什麼時候應該放下3C產品，並制訂全家人共同遵守的無螢幕時間。

當孩子升上小學，我們要先教他們傾聽自己的感受，學會用「先暫停，想一想，提問題！」三步驟，在使用3C產品的時候掌握自己的情緒——不論是好的、壞的、還是其他種種複雜的感受。

「暫停」是當你產生情緒時，用一秒鐘的時間去觀察這個情緒。當你害怕時，先暫停！當你不確定時，也暫停！

「想一想」是注意到你的情緒，然後決定下一步要怎麼做。例如你覺得自己好像玩太多手機或平板了，那就休息一下，做別的事，或是去戶外玩。如果一時不知道下一步該怎麼做，就先閉上眼睛，深呼吸一下。

「提問題」是觀察你的感受，如果你覺得不舒服，但不確定自己為什麼不舒服，就先放下手上的3C產品，請爸爸媽媽或老師幫助你。

「傾聽自己的感受」對剛剛踏入網路世界的小學一年級生來說，是個巨大的挑戰。美國民間教育機構常識媒體（Common Sense Media）設計了一個「表情符號遊戲」，老師可以在課堂上跟學生玩，幫助他們熟悉自己的情緒：

1. 將現在社群媒體上通用的表情符號，挑選較具代表性者，印製成圖卡，發給學生。也可以讓孩子在課堂上製作自己的表情符號圖卡。
2. 在課堂上讓學生把這些圖卡剪下來、塗顏色、貼在冰棒棍上做成表情牌，準備玩遊戲。
3. 準備一些「情境」在課堂使用。把這些情境唸給學生聽，讓他們舉牌表示自己的情緒，然後邀請幾個學生分享：「你感覺怎麼樣？」「為什麼會有這種感覺？」「你覺得現在你應該怎麼辦？」

這個遊戲雖然是針對學校課堂設計的，但是家長也可以在家跟孩子玩。常識媒體也提供了一些情境供老師或家長參考：

- 「你真的很喜歡獵豹！你找到了一個好棒的網站，是給小朋友看的，而且上面有很多很酷的獵豹圖片。」
- 「你在看好笑的貓咪影片，已經看了一個小時，忽然發現窗外天都黑了，你本來要去公園跟朋友玩的，但是現在來不及了！」

- 「你的奶奶住在很遠的地方，你們每個星期六晚上都視訊通話，這樣奶奶就能每個禮拜都見到你。」
- 「你正在玩遊戲，忽然平板螢幕變黑了！原來是你玩太久，平板沒電了！」
- 「爸爸媽媽帶你去公園玩，你學會了吊單槓，想叫他們看你表演，可是他們都忙著滑手機而不理你。」
- 「你跟朋友一起用電腦看網路影片，但是一直跳出給大人看的廣告。」
- 「你在玩平板，已經不知道玩了多久，爸爸媽媽跟你說時間到了，但是你不想放下平板。」

學會傾聽自己的感受以後，我們可以循序漸進的跟小學低年級的孩子討論以下這些問題，引導他們思考什麼時候是使用3C產品的適當時機——

問問孩子：你覺得為什麼不可以一邊開車、一邊用手機傳簡訊呢？鼓勵他們多發表自己的想法，例如「這樣不安全，你沒辦法在看手機的同時注意路況」，或者「這是違法的，如果你因為看手機而製造車禍意外，那就糟了」。

告訴孩子：就像開車的時候不能用手機，我們在生活中也需要一些「無螢幕時間」。可以用這兩個情境來引導他們思考（家長也可以自行設計情境）：「吃晚餐了！媽媽端上熱騰騰的食物，全家人有說有笑，就只有爸爸一個人坐在桌子的角落滑手機。你感覺怎麼樣？你覺得爸爸應該把手機放下來嗎？」「哥哥邀請了好多朋友來家裡玩，你也想跟哥哥姊姊們一起玩，可是當你走進哥哥的房間，卻發現他和他的朋友們各自在用平板或電腦，根本就沒有一起玩。你感覺怎麼樣？你覺得這樣好玩嗎？」

小學低年級生的學習重點

- 了解3C產品為什麼有時候會讓我們分心。
- 觀察當別人因為3C產品分心而冷落自己時，自己有什麼感受。
- 分辨哪些時候適合使用3C產品，哪些時候不適合。

問問孩子：你對於上面兩個情況有什麼想法？還有哪些時候，你覺得最好也不要玩手機？這個問題可能有很多種不同的答案，一些常見的答案有：在電影院看電影的時候、上教堂或廟宇的時候、吃飯的時候、上床睡覺的時候。

告訴孩子：這些時候不適合用手機跟其他3C產品，因為會讓人分心，害我們不能專心看電影、敬拜、跟家人聊天、或是好好睡覺。

雖然每個家庭的具體情況都不一樣，但每個家庭肯定都需要無螢幕時間。討論完3C產品如何影響我們的生活之後，可以更進一步引導孩子觀察，3C產品對他周圍的人產生什麼影響。提醒他們，當自己被3C產品影響時，身邊的朋友和家人也會被你影響。接下來，可以談談我們要如何在生活中落實「無螢幕時間」。

在考慮無螢幕時間時，可以斟酌四點：

• 安全：有時候使用3C產品可能會威脅到自己的安全，例如過馬路時玩手機。

- 尊重：有時候使用3C產品可能會讓他人覺得不受尊重，例如聽朋友談心事時打電動。
- 專注：有時候3C產品可能使我們的注意力無法集中，例如寫作業時看電視。
- 健康：有時候3C產品可能會威脅到我們的健康，例如睡覺前用電腦，會影響睡眠品質[2]。

最後，可以利用別冊第三篇的活動，全家一起制定自家專屬的無3C時間，大人小孩一起遵守、一起提升數位生活品質！

2 阿卡沁（L. Akacem）等：*Sensitivity of the circadian system to evening bright light in preschool-age children*，暫譯〈學前幼兒對夜間藍光敏感之研究〉。生理學報告，2018年3月4日。

家有小學中年級生

為自己負責，選擇健康的網路媒體

每天，我們一睜開眼睛，就開始做選擇：早餐要吃什麼？出門要穿什麼衣服？自己開車還是搭公車？對於網路媒體，我們也隨時都在做選擇：要閱聽哪些媒體？要創作哪些媒體內容？

問問自己：你的孩子知道自己的選擇健不健康嗎？小提示：健康的網路媒體選擇不只是控制使用3C產品的時間而已。老師可以在學校、家長可以在家裡建立框架，引導孩子觀察自己如何分配閱聽或創作媒體內容的時間，做出深思熟慮的網路媒體選擇。

在開始本節的活動前，我們可以先跟孩子一起複習如何傾聽3C產品帶給自己的感受，然後邀請他們用一星期的時間，觀察自己使用網路媒體的情

小學中年級生的學習重點

- 學習使用「什麼」、「何時」、「多少」三個框架，描述自己的網路媒體選擇。
- 應用框架觀察自己的感受，評估自己的網路媒體選擇是否健康。
- 對於什麼是「健康的網路媒體選擇」發展出自己的看法。

況，並記錄「何時」使用了「什麼」媒體，以及用了「多少」。例如：星期一早上上學前在YouTube上看影片二十分鐘。

告訴孩子，為了瞭解媒體選擇如何影響我們的感受，把自己使用媒體的情況記錄下來是個好方法。提醒他們：第一，要把所有媒體都考慮進去，包括電視、網路影片、手機、平板、書報、語音助理（例如：Google Home、Amazon Alexa）等。第二，媒體選擇不只是我們閱聽的媒體，還包括創作的媒體，例如在網路上留言、上傳影片分享等。

做好紀錄以後，就可以來反省評估我們的網路媒體選擇。首先向孩子解釋，「什麼」、「何時」、「多少」這三個因素可以幫助我們思考自己的選擇是否健康。這三個因素的標準可能因人而異，但是每個人在做選擇時都需要仔細考慮。我們的選擇不但會影響自己的感受，也會影響到實際生活周圍的人，跟網路上的網友。

然後跟孩子討論這幾個問題：

1. 你覺得上星期最健康的一個媒體決定是什麼？（鼓勵他們用「何時」、「什麼」、「多少」來描述這個決定。）
2. 最不健康的一個決定是什麼？（同樣用「何時」、「什麼」、「多少」來描述這個決定。）
3. 下星期你可以怎樣做出更健康的媒體選擇？

所謂媒體選擇，就是我們決定如何使用媒體的方式。有些選擇會讓我們覺得開心、好奇、興奮，例如在網路上看有趣知性的動物影片。有些選擇讓我們覺得被愛，例如跟住在遠方的親人視訊聊天。但也有些選擇會讓我們覺得害怕，例如看不適合我們年紀的恐怖片；或者覺得有壓力，例如在網路上留言批評朋友，或者看到有很多同學留言批評你。有些選擇甚至會讓我們生氣，例如花太多時間打電動，結果錯失參與生活中其他有趣活動的機會。網路媒體給我們的感受，完全在乎我們的選擇。就從今天起，親子一起練習做有智慧的決定。

孩子可能會問：為什麼要選擇健康的網路媒體？答案是：因為這是成為一個負責任的數位公民的第一步。生活在數位時代的每一個人，都是數位公民，必須會照顧自己、關懷社區也關懷世界。

為自己選擇健康的數位媒體，就是照顧自己。當孩子學會照顧自己，我們就可以進一步引導他們關懷他人，以及「認識自己在網路世界上的每一個行動可能帶來的後果」。

曾經擔任小學校長多年的美國教育家及作家吉姆・費伊（Jim Fay）指出，每個人在社會上，都需要感到自己有貢獻、有用，即使兒童也不例外。用教育培養孩子的責任感，比用刑罰矯治一個沒責任感的成人更有效。負責很重要，引導孩子思考自己對他人的責任，能啟發他們對社區的關懷，甚至把世界變得更美好。

小學中年級生的學習重點

- 思考個人在現實世界與網路世界的責任。
- 描述個人的責任範圍，知道責任代表著一己的行為對於自身和他人的影響。
- 明白自己對他人應該負起的責任。

我們可以用簡單的比喻，把「責任範圍」的觀念介紹給孩子：

「如果你往街上丟空寶特瓶，一個寶特瓶不會對你造成什麼影響，但是如果你丟了一大堆寶特瓶呢？如果寶特瓶佔滿整個街道了呢？如果大家都學你丟寶特瓶，結果寶特瓶滿出街道、掉進海裡了呢？這時候，你的一個小行為，就產生了連鎖效應。這個效應會影響你、你的社區、還有你的世界。」

跟實體世界一樣，我們在網路世界的行為，也會影響我們自己、我們的社區、我們的世界。每個人在網路上的發言、分享、創作，不只會影響自己的生活，也會影響家庭、朋友、社區、和全世界的人，因此在行動前先思考很重要。告訴孩子，包括他自己、他的社區、甚至整個世界，都在他的責任範圍裡。

接下來，我們可以跟孩子討論以下問題，引導他們思考數位公民的責任：

1. 你從窗口往外丟一個寶特瓶，跟你在網路上發表一句評論，這兩件事有什麼相同之處？
2. 你現在三／四年級了，你覺得自己的責任範圍是什麼？
3. 你有聽過「數位公民」這個名詞嗎？知道這個名詞的意義嗎？

藉由討論這些問題，我們可以把數位公民的責任傳遞給孩子：

- 就像亂丟小垃圾，你在網路上即使只發表短短一句話，也會影響到你自己、你的社區跟你的世界。

• 一個「範圍」代表你需要負責的一個對象，包括你自己、你的社區、你的世界。負責任表示你在行動之前會先想一想，這個行動會對自己需要負責任的對象產生什麼影響。

· 你對自己有責任——人人都該保護自己的安全、照顧自己的健康。

· 你對你的社區也有責任——像你的朋友、老師、家人都是其中一部分，你不應該傷害他們。

· 你對這個世界也有責任——這個世界上有很多你不認識的人，但你的行為也會對他們產生影響。

數位公民會用負責的態度，使用科技產品在網路上學習、創作、參與活動。如果你從事這些活動但是不負責任，傷害自己又傷害別人，那就成了數位暴民。

家有小學高年級生

找到數位平衡點，制定個人化使用指南

現代人每天都在使用數位媒體，從傳送簡訊、用串流媒體看節目、打網路電玩，到使用語音助理、上網點餐。對今天的孩子來說，數位生活早已超越了我們曾經定義的「螢幕時間」。我們必須與時俱進，幫助孩子平衡線上和線下生活，就從幫助他們知道自己用了多少數位媒體、找到平衡點開始。

首先跟孩子一起探討我們在日常生活中接收、創作、分享數位媒體的方式。舉個例子：

假設你是學校足球隊的隊員，今天球隊有個比賽，你上網查看氣象，發現降雨機率相當高，於是著急的跟其他隊員簡訊討論如果下雨怎麼辦，一個隊員上網搜尋，在群組裡建議大家可以戴雨傘帽。比賽的時間到了，很幸運

小學高年級生的學習重點

- 知道自己經常在線上及線下從事哪些活動。
- 知道怎麼用「斷線」來維護線上及線下活動之間的平衡。
- 固定檢視自己的數位習慣，發起自我挑戰，達成媒體平衡的目標。

沒有下雨！教練在群組發了集合時間與地點，還附上Google地圖的連結。比賽中你射門得分，全場歡呼，有同學拍下影片上傳到臉書，很多朋友按讚分享。最後你們贏得比賽，地方報社的網站也刊出這個消息。住在外地的爺爺奶奶看到了，很高興的打視訊電話恭喜你。

這只是一個情境舉例，家長和老師也可以根據個人家庭或班級的狀況來編一個適合的情境。重點是：數位媒體已經變成我們生活的一部分，看看在這短短的一小段敘述裡，就發生了這麼多次接收、創作、分享數位媒體的事件。以這個故事作為開頭，我們可以引導孩子討論以下問題：

1. 一週七天、一天二十四小時都能用數位媒體與人聯繫的好處有哪些？

例如：可以隨時查氣象，對計劃戶外活動或選擇要穿什麼衣服很有幫助；社群媒體和通訊軟體讓我們可以即時跟很多人溝通；搜尋引擎幫助我們找到需要的資訊、解決問題的方法……等。

2. 數位媒體的好處這麼多，那麼與數位媒體無關的「線下」活動有沒有什麼好處呢？

例如：球賽電玩雖然好玩，但是實際的運動賽事更好玩，因為你可以真正的活動筋骨；親身接觸大自然能夠親眼看見世界、感覺放鬆，是網路影片不能取代的；與朋友面對面相處更能了解對方、增進關係……等。

3. 你覺得平衡使用數位媒體與線下生活最好的方法是什麼？

上述問題都沒有標準答案，目標是讓孩子知道：媒體平衡能讓我們覺得健康愉快。當我們找到自己的平衡點，用健康的方式來使用數位媒體，讓上網跟現實生活中其他活動並重，數位媒體就能幫助我們增進與家人、與朋友的關係，也有助我們從事學習和娛樂活動。當我們失去平衡點時，數位媒體反而會破壞我們與家人朋友的關係，阻礙學習，也害我們無法從數位媒體中得到真正的樂趣。

引導孩子找到屬於自己的「數位平衡點」以後，我們可以進一步來談談如何制定屬於自己的「數位平衡策略」。

從上面的一些例子，我們已經可以看出：多數人在每天的日常生活中使用很多數位媒體，很多時候連自己都沒有意識到。擁有真實、虛擬世界相互平衡的生活很重要，但是每個人的平衡點不一樣。在孩子小學即將畢業、準備升上國中時，就是一個制定專屬計畫的恰當時機，幫助他們健康的使用數位媒體。

在開始制定指南以前，先跟孩子做一個小遊戲：給他們一張紙、一支

小學高年級生的學習重點

- 列出自己的數位媒體相關決定，知道這些決定對於自己的情緒會有什麼影響。
- 在師長的協助下，腦力激盪想出一套適合自己的辦法，訂立個人數位指南，幫助自己健康的使用數位媒體。

筆，讓他們用一分鐘的時間，寫下自己的書包裡有什麼東西。然後讓他們比較一下，看看自己列出來的物品跟實際在書包裡的東西是否完全一樣。告訴他們，這就叫做列表——列表應該是一個事物或一項行動的完整條列，但是憑記憶列出來的東西跟實際上的東西往往有出入，書包裡的東西是這樣，數位行為也是這樣。

然後，回憶一下我們在中年級做過的練習：用「什麼」、「何時」、「多少」來描述自己的媒體選擇。現在我們要再做一次這個練習，把前一天使用的3C產品、什麼時候用、用了多久寫下來，但這次要加上描述自己的感受。例如：

- 早上起床跟一群朋友在群裡聊我們的夢幻籃球隊，十分鐘，覺得跟朋友聯繫很開心。
- 放學回家的路上在公車上跟同學用Snapchat聊班上的八卦，三十分鐘，覺得有點有趣又有點討厭。

完成後請孩子仔細看看自己的列表，問問他有沒有注意到什麼？孩子可能會發現：有些應用程式很有幫助；有些應用程式只會愈用愈煩；有些應用程式雖然有趣，但不宜用太久，例如用YouTube看三十分鐘以下的影片會讓自己心情愉快，但是看超過八十分鐘就會開始覺得無聊或討厭。

提醒孩子：媒體平衡是用健康的方式來使用媒體，讓數位媒體跟現實生活中的其他活動並重。讓他們說說看，自己的列表上，哪些符合平衡原則的選擇？哪些不符合？

我們可以依據上述討論的結果，鼓勵孩子來制定屬於自己的數位指南，例如：

- 只用讓自己愉快的方式使用數位媒體。
- 跟家人朋友在一起的時候，要放下手機，用心跟他們相處。
- 規範自己每天在網路上貼文的次數。
- 不要追蹤那些貼文讓我有負面感受的人。

上述指南只是舉例，每個大人、孩子都可以用本節介紹的方法制定個人指南。做完以上的練習後，師長可以把一些幫助掌控數位媒體使用情況的應用程式介紹給孩子，例如iPhone的螢幕時間設定、Google的就寢時間設定、Andriod的數位健康工具，另外還有很多智慧型手機都能加強勿干擾設定。

家有國中生

數位媒體對大腦及生活的影響

皮尤研究中心（Pew Research）二〇一八年調查指出，約四五%的美國青少年「幾乎隨時」都在網路上[3]，覺得他們必須立刻回覆訊息或社群媒體上的通知，否則就會感到焦慮。世界衛生組織（WHO）也於二〇一八年疾病分類手冊中，正式將「電玩成癮」列為心理疾病，世衛心理健康及物質濫用部主任謝克爾・沙先拿（Shekhar Saxena）醫師說，基於科學研究的證據，世衛相信電玩成癮需要醫學治療才能糾正。而根據臺灣衛生研究院群體科學健康研究所二〇一八年的研究，臺灣青少年網路遊戲成癮比率為歐美的三倍[4]。

3 安德森（M. Anderson）、江（J. Jiang）：*Teens, Social Media & Technology 2018*，暫譯〈2018年青少年、社群媒體及科技產品使用調查〉。皮尤研究中心，2018年5月31日。

國中生的學習重點

- 繼續堅持用健康的方式使用數位媒體，並開始探索數位媒體的本質及設計。
- 反省自己使用數位媒體的行為，是否對生活其他方面有幫助？還是已經妨礙到線下的生活？
- 思考如何建立良好健康的數位媒體使用習慣。

數位成癮究竟是怎麼發生的？我們可以怎麼做來避免數位成癮？

我們在使用數位媒體的時候，可能會有覺得很難停下來的情況，所以很多人會說自己對手機或電玩「上癮」了。有些數位媒體的確是設計來讓我們上癮的，但師長可以開始引導國中以上的孩子思考數位媒體對大腦產生的影響，避免成癮悲劇。

首先，我們可以把「數位成癮」的觀念介紹給孩子：很多人經常滑手機，次數多得自己都數不清，但是使用網路的時間很長，並不一定就是上癮。如果你使用網路時感到很愉快，而且可以按照自己的意願隨時停止，不使用3C產品時也不會產生不安或焦躁的感覺，那就沒問題。但是如果你感到有壓力，覺得自己需要時時待在網路上，一旦離線就會感到焦慮、擔心如果不立刻回覆朋友的簡訊就會失去友誼、或者一開始看網路影片就停不下來，那麼你可能就是上癮了。

在對「數位成癮」有基本認識後，我們可以依序跟孩子討論以下問題：

1. 當你看到一群朋友相聚，但是彼此不互動，反而都在各自滑手機，你有什麼感覺？你覺得為什麼會這樣？
2. 你注意到自己有哪些下意識的媒體使用習慣？
例如：經常查看手機或平板上的訊息、在看電視的時候同時滑手機。
3. 你覺得這些「下意識的媒體使用習慣」是好還是壞？

---

4 林煜軒等：*Chinese adaptation of the Ten-Item Internet Gaming Disorder Test and prevalence estimate of Internet gaming disorder among adolescents in Taiwan*，暫譯〈臺灣青少年網路遊戲障礙患病率估算〉。行為成癮期刊，2018年9月1日。

4. 有哪些媒體使用習慣讓你感覺良好？為什麼？

例如：貼文被按讚，覺得開心、看網路影片，覺得有趣。

5. 你覺得哪些3C產品或應用程式的設計是故意讓你「一開始用就停不下來」？

例如：Netflix或YouTube的自動播放功能、社群媒體上的按讚跟回覆功能、網路電玩的「練功升級打怪」等設計。

6. 哪些媒體使用習慣對螢幕以外的現實生活也有益？

上述問題都沒有標準答案，不妨鼓勵孩子多方思考、解釋他們的答案。

在討論的最後，我們可以告訴孩子，使用數位媒體可以很有趣，事實上，數位媒體設計的目標就是讓人覺得「有趣」。但另一方面，許多數位媒體也設計來讓人「上癮」，吸引使用者持續頻繁使用該產品或程式。如何享受使用數位媒體的樂趣，又不被數位媒體控制而成癮，是一個成熟的網路公民必備的修養。

我們常常沒事就拿起手機來滑、或者查看平板上的訊息，這些都是不經思考的下意識舉動。如果我們可以多注意自己怎麼使用數位媒體、用了多少數位媒體，就可以幫助我們更能掌握數位媒體在個人生活中扮演的角色。除了認識數位媒體對大腦的影響，家長也可以挑戰國中生，真正去考慮數位媒體是如何提升或降低他們的整體生活品質。

國中生的學習重點

- 探討數位媒體在自己的生活中扮演什麼角色。
- 檢視自己的數位習慣，分辨數位媒體對生活帶來的正面及負面影響。
- 擬定個人計畫，促進自己的數位平衡。

在常識媒體於二〇一九年出版的中學生文集《真正的聯繫》（True Connection）中，高中生沙尼．威廉斯（Shane Williams）寫道[5]自己如何在升上十二年級的暑假前，接受了爸爸發起的挑戰，把手機交給爸爸保管三天。一開始他覺得沒手機可用很無聊，但後來發現其實有很多事可以做：整理房間、看喬治．歐威爾的名著《一九八四》、跟弟弟玩球。在那之後，他每天都有意識的「斷線」幾小時，享受線下生活。這是一個中學生可以藉由自我挑戰與反思，控制個人數位生活的好例子。

根據皮尤研究中心統計[6]，多數美國青少年從十三歲起擁有自己的智慧型手機。多數社群巨頭也將十三歲列為使用社群平臺的最低年齡。在把智慧型手機交給孩子前，家長應該先引導他們制定屬於個人的數位媒體使用指南。在使用了智慧型手機一段時間以後，可以進一步引導他們反思自己的數位媒體使用習慣，以及對這些習慣的感覺。

反思自己的數位媒體使用習慣是一種思考模式，可以幫助我們——也可以幫助孩子——認清自己下意識的動作對個人身心健康造成什麼影響。

首先我們可以邀請孩子把自己的數位媒體習慣寫下來，例如：每天早上第一件事就是看ＩＧ、邊整理書包邊看抖音、排隊的時候就會掏出手機……等。

然後讓他們在每個句子旁邊畫上表情符號，來表示這個習慣帶給他們的感受，例如：每天早上第一件事就是看ＩＧ（☺）、邊整理書包邊看抖音，結果常常來不及整理好書包，或者忘東忘西（☹）……。

最後問問他們：你覺得自己的數位生活像什麼？為什麼？也許你的數位生活像是一扇通往世界的窗戶，因為它讓你看見各種各樣的人事物。也許你的數位生活像是雲霄飛車，因為它讓你開心也讓你消沉。鼓勵孩子用「明喻」的方式，把自己的數位生活具象化，有助於思考下一步。如果他們想不出什麼比喻，師長可以問幾個問題來刺激他們思考：

- 你覺得數位媒體在你生活中扮演多大的角色（一點點、有一些、很多）？
- 你最喜歡或最不喜歡用3C產品來做的事情是什麼？
- 你覺得數位媒體對你的生活有什麼正面影響？有什麼負面影響？

當孩子有機會反思自己的數位媒體習慣以後，就可以邀請他們從中找出

5 威廉斯（S. Williams）：*A Challenge*，暫譯〈挑戰〉。《真正的聯繫》，常識媒體，2019年。

6 安德森（M. Anderson）、江（J. Jiang）：*Teens, Social Media & Technology 2018*，暫譯〈2018年青少年、社群媒體及科技產品使用調查〉。皮尤研究中心，2018年5月31日。

一項想要改變的習慣，然後想出一個方法來做改變。如果孩子發現看臉書讓他愈看愈憂鬱，那麼也許可以取消關注某些令他不舒服的帳號。如果孩子發現自己看太多YouTube影片，佔用本來應該做其他事情的時間，那麼也許可以安裝控制應用程式使用時間的外掛。

在這個過程中，我們可以多多跟孩子分享自己的經驗，例如：爸爸／媽媽發現手機會影響到睡眠品質，所以決定以後晚上不把手機帶進臥室裡。

最後，跟孩子約定，彼此監督來達成目標。也許你可以答應孩子，在他做功課的時候幫他保管手機；也請他提醒你，吃飯時不要滑手機。重要的是，爸爸媽媽要以身作則：下一次當孩子在餐桌上提醒你把手機收起來，請乖乖照辦，可別賴皮喔！

家有高中生

社群媒體對身心健康的影響

上一章我們提到，多數社群媒體巨頭（包括經營Facebook和Instagram的Meta公司、擁有YouTube的谷歌公司等）都把十三歲設為使用其社群媒體平臺的年齡下限。因此，我們的孩子很可能在上高中以前，就開始使用社群媒體了。升上高中以後，社群媒體可能在他們的生活中扮演愈來愈重要的角色，這也是時候由師長來引導他們反省社群媒體對自身情緒的影響。

多項研究顯示，社群媒體對青少年的情緒有顯著影響。兒少心理健康機構挑戰成功（Challange Success）創辦人瑪德琳．萊文（Madeline Levine）指出，社群媒體是引發當代青少年焦慮最主要的原因。心理治療師及作家林恩．里昂（Lynn Lyons）則指出，師長要引導青少年面對自己的焦慮。為了促進社交與心理健康，我們應該鼓勵孩子成為數位媒體的創造者，而不只是消費者。

高中生的學習重點

- 反省使用社群媒體如何影響自己的情緒，也觀察同儕的情緒如何受到社群媒體影響。
- 明白主動使用與被動使用社群媒體的差異，以及兩者對情緒的影響。
- 找出具體步驟，控制自己使用社群媒體時的情緒。

首先，我們可以引導孩子思考社群媒體對自己的情緒有什麼影響。在常識媒體於二〇一九年出版的中學生文集《真正的聯繫》中，高中生凡妮莎．拉蒙伊巴拉（Vanessa Ramon-Ibarra）寫道[7]「我是如此喜歡我的手機，以致於我忘了如何跟我最好的朋友面對面溝通。」問問孩子，他們是否也曾有過類似的感受？我們也可以與孩子分享自己使用社群媒體的經驗，別忘了分辨主動使用和被動使用帶來的正面或負面感受，例如：

正面經驗	負面經驗
81%的青少年認為社群媒體有助與朋友聯繫。	45%的青少年感覺社群媒體上的蜚短流長令他們不堪負荷。
69%的青少年認為社群媒體幫助他們認識背景不同的人。	43%的青少年認為在社群媒體上發文有壓力，只敢分享生活中好的一面。
68%的青少年感覺在遇到困難時能透過社群媒體取得幫助。	37%的青少年對於貼文得不到「讚」或正面評論，感到有壓力。

- 在社群媒體上跟朋友討論共同關心的議題，覺得自己不是孤單一人。——**主動使用、正面感受**
- 旁觀朋友間的風言風語，覺得很厭煩。——**被動使用、負面感受**

然後，跟孩子分享上表來自皮尤研究中心[8]的數據，看看他們是否也有這些感受。

7 拉蒙伊巴拉（V. Ramon-Ibarra）：*Stupid Blue Screen*，暫譯〈愚蠢的藍屏〉。《真正的聯繫》，常識媒體，2019年。

8 安德森（M. Anderson）、江（J. Jiang）：*Teens, Social Media Habits & Experiences*，暫譯〈青少年的社群媒體使用習慣及經驗〉。皮尤研究中心，2018年11月28日。

自從社群媒體出現以來，學者就一直在研究這種新興媒體對大腦的影響，目前光是針對臉書就有超過三百個研究。二〇一七年舊金山公共電視（KQED）邀請專家分析了這些研究，認為使用社群媒體時間愈長的人愈憂鬱雖然是事實，但不能說明社群媒體造成憂鬱問題，因為也可能是憂鬱的人比較容易沈溺社群媒體。但有一點專家們都同意：那就是我們使用社群媒體的方式，會改變我們的情緒。

臉書數據科學家莫伊拉・伯克（Moira Burke）博士說：「我們發現，利用社群媒體與朋友互動的人，情緒會變好。但是滑貼文、看八卦的效果則相反。」

最後，問問孩子，在學會以上知識以後，你覺得自己可以怎麼樣更健康的使用社群媒體？也許是多跟朋友互動，少看與自己無關的貼文；也許是取消關注令自己不舒服的帳號——令人不舒服的帳號不一定是發表偏激或暴力言論，也可能是愛炫耀，你完全可以不去看班上那個「酷小孩」的炫耀文，不必因為自己產生了嫉妒的心情而感到慚愧。

而說到社群媒體，近年來很多人都在討論「社群媒體成癮現象」。社群媒體會讓人上癮嗎？你的孩子有社群媒體成癮的傾象嗎？你自己呢？社群媒體成癮，是誰的錯？

高中生的學習重點

- 分析自己與其他人對社群媒體的使用現象。
- 搜集資料，探討人們是不是有可能社群媒體成癮。
- 寫一篇短文分析對於社群媒體成癮的不同觀點，並得出自己的結論。

「成癮」是一個嚴肅的字眼，目前學界還沒有一個共識，能不能用「成癮」來形容過度使用社群媒體的症頭。但是，我們可以確定，人們使用社群媒體愈多，經營這些社群媒體的公司就愈賺錢，所以多數社群媒體都是設計來讓用戶「上鉤」的。我們可以幫助孩子了解這一點，並且引導他們利用認清社群媒體設計原理的機會，來促進自己的數位健康。

美國視覺藝術家埃里克．皮克斯吉

爾（Eric Pickersgill）創作了一系列攝影作品《移除（Removed）》，作品呈現當手機從日常畫面中被「移除」的奇妙景象：一對夫婦在床上背對背躺著各自滑手機，只不過他們手上沒有手機；一個年輕女子在街頭舉起手機自拍，只不過她的手上也沒有手機……手機被「移除」後，這些影中人看起來像是被某種看不見的力量控制著，畫面詭異而發人深省，很適合分享給高中生看看（https://www.removed.social/series），聊聊他們是不是也覺得自己或身邊有人被「控制」了？

孩子可能會說他不覺得自己被控制，因為他只在自己想要的時候才看社群媒體。他也可能會告訴你自己似乎被控制了，因為只要超過一小段時間不看社群媒體，他就會覺得怪怪的。這個時候，我們可以告訴他，這種「控制」的力量，就可以被解釋為「成癮」。

接下來，我們可以跟孩子一起探討關於社群媒體成癮的各種理論。雖然目前美國醫學界並沒有把社群媒體成癮歸類為精神疾病（世界衛生組織已將電玩成癮歸類為精神疾病），但美國境內已經出現許多幫助青少年戒斷社群媒體的機構。北加州治療中心夏園（Summerland）的主任麥克爾・畢夏普（Michael Bishop）醫師觀察到，少女比少男更容易出現強迫使用社群媒體的行為[9]，有一些女孩從早到晚不停自拍，甚至為了博取關注而貼出裸露照片，無法自我控制。但是畢夏普反對用「成癮」這個字眼，他認為在治療中把這些行為描述成一種「壞習慣」，比較能鼓勵接受治療的青少年做出改變。

跟孩子分享完上述資訊以後，可以鼓勵他們自己查資料，想一想，然後再回來告訴你他們的看法：社群媒體成癮究竟是否存在？這個問題沒有標準答案，但孩子們必須自己找資料，做研究，得出結論，這樣才能引導他們思考，反省自己的社群媒體使用行為。甚至可以邀請孩子寫一段短文，申論自己的看法。這篇短文至少要能回答以下幾個問題：

- 什麼是成癮？

---

9 卡門尼茲（A. Kamenetz）：*Screen Addiction Among Teens: Is There Such A Thing?*，暫譯〈青少年螢幕成癮：真有這種事嗎？〉。美國國家廣播電臺，2018年2月5日。

- 「成癮」跟「壞習慣」有什麼不一樣？
- 「成癮」要符合哪些標準？用這些標準來檢視：使用太多社群媒體是否會發生成癮問題？

爸爸媽媽們可以一起來寫這篇文章，寫完以後跟孩子交換想法！

在社群媒體以外，目前更多研究者傾向廣泛探討「螢幕時間」對我們是否有害。關於使用3C產品如何影響我們的健康，還有很多細節未知，但學界已經確定3C產品會影響我們的睡眠。只要把3C產品放在身邊，似乎就會對我們的大腦運作產生影響。當孩子升上高三，也就即將成年，一個能夠對自己負責的成人應該用負責的方式使用3C產品，不使其對自己的身體或心理產生不健康的影響。

首先考慮自己每天使用3C產品的時間：多久是太久？問問孩子，他們覺得每天花多少時間使用3C產品是健康的？高中生不是幼童，鼓勵他們思考，不要隨便亂猜。不論孩子的答案是什麼，都可以問問他是如何得到這個結論，

高中生的學習重點

- 認識當前有關螢幕時間對身心健康研究的學術趨勢。
- 反省自己花在螢幕上的時間都在做什麼？跟身邊的人（父母、朋友）相比是否有偏差？
- 檢視自己使用3C的習慣，保留好習慣、改變壞習慣。

再請他反思自己每天花多少時間在3C產品上？又是怎麼分配這些時間？

我們可以告訴孩子，「多少螢幕時間是健康的」是一個複雜的問題，因為我們不能只考慮自己花了多少時間在3C產品上，我們還得考慮這些時間是用來做什麼。美國國家衛生研究院（National Institutes of Health）指出，「螢幕時間」是一個籠統的名詞，我們無法做出螢幕時間是好還是壞的結論。花四小時拍攝、剪接、製作一支影片，跟花四小時看網路上的搞笑影片，同樣是四小時，但是對大腦的影響完全不一樣。

所以我們要檢視自己是如何使用螢幕時間。告訴孩子，目前有許多關於螢幕時間對大腦影響的研究仍在進行，但理解研究趨勢有助我們反省自己使用3C產品的方式。以下有幾個適合跟孩子分享並討論的數據[10]：

- 根據常識媒體二〇一六年調查，二九%的家長與六一%的青少年認為自己使用「太多」電子產品。但是到了二〇一九年，多達五二%的家長但只有三九%的青少年認為自己使用「太多」電子產品。
- 常識媒體二〇一九年調查，四五%的家長及三九%的青少年認為自己手機成癮；四二%的家長及四三%的青少年每小時都會查看手機數次。
- 美國小兒科醫學會建議，睡覺前三十分鐘應該關閉所有的3C產品，但調查顯示六一%的家長及七〇%的青少年直到睡前都還在看手機。
- 美國小兒科醫學會同時建議，睡覺時手機應該放在伸手拿不到的地方。但調查顯示七四%的家長及六八%的青少年睡覺時手機就放在身邊。

讓孩子用自己的步調，消化上述資訊。在討論的最後，我們可以邀請孩子列出自己的3C產品使用習慣，並用當前已有的研究結論來檢討這些習慣，自我檢查是否健康。例如：

- 我習慣用通訊軟體與遠方的親友聯絡，像上星期表哥大學畢業，我沒有打電話給他，但是我有貼文恭喜他，這樣做讓我覺得很愉快。——**好習慣，可以保持**
- 我習慣睡前在群組裡滑貼文看班上的同學聊八卦，但是自己不參與討論，不知不覺心情就變得很煩躁、睡不著。——**壞習慣，應該改變**

---

10 常識媒體：*The New Norm: Parents, Teens, Screens in the United States.*，暫譯《新正常：美國的家長、青少年、螢幕使用》。2019年。

埃里克・皮克斯吉爾
《移除》（見頁 60）

CHAPTER 2

網路世界的隱私與安全

家有學前兒

上網的三個原則

當我們在社區裡玩耍，發生危險時，可以躲回家。當我們在網路社區裡玩耍，發生危險時，可以往哪裡躲？

網路的力量，讓孩子們有機會去到他們無法親身經歷、探索的世界。但是，在網路世界裡冒險，跟在現實世界裡遊歷一樣，在旅途中保護自身安全相當重要。對於學齡前、剛開始探索網路世界的小小孩，我們可以把在網路世界裡探索比喻成在現實世界裡旅行，幫他們建立起在網路世界裡保護自己的概念。

在我們允許孩子進入網路世界的同時，可以跟他們約法三章，以保證他們使用網路時的樂趣與安全：第一，每次上網前都需要徵求爸爸媽媽的同意。第二，跟在現實中一樣，在網路上也只跟自己認識的人交談，不要隨便跟陌生人講話。第三，待在安全的地方，只使用適合自己年齡的網站。

給孩子這三個守則以後，並不是強制他們遵守就算盡到數位公民教育的責任了。我們應該更進一步跟他們討論網路安全，引導他們思考在網路世界保護自己的重要性。

學前兒的學習重點

- 了解並比較，在網路世界裡跟在現實世界裡保護自己的相似之處。
- 遵守爸媽規定的網路世界安全守則。

首先，我們可以問問孩子，出門在外，要怎麼保護自己的安全？這個年紀的孩子，應該都已經能答得出來：要跟爸爸媽媽待在一起、不要自己隨便亂跑、不要跟陌生人交談……等規則。當孩子說出這些答案，我們可以提醒他：網路世界的安全規則，跟現實世界一樣。在現實世界中有需要遵守的規則，在網路世界中也要遵守。

這時候，我們也可以順便向孩子解釋：你用電腦、智慧型手機、或平板來瀏覽網站或使用應用程式時，就已經在網路世界裡了！「網站」就是一個你可以在網路上探險的空間，當中呈現的很多都是真實好玩的地方，例如動物園或是博物館。

然後，可以跟孩子一起看別冊第二篇，再討論這些問題：

1. 小怪獸為什麼喜歡上網？

答案可能有：小怪獸不用出門，就可以在網路上探索很酷的地方、跟遠方的家人和朋友聊天、學習新事物、玩好玩的遊戲。

2. 小怪獸在網路上做哪些事情？

答案可能有：小怪獸去網路動物園玩、去別的國家旅行、跟奶奶聊天、畫畫然後跟朋友分享。

3. 小怪獸有沒有遵守網路安全規定？

再一次提醒孩子三個網路安全守則：每次上網前都要徵求爸爸媽媽的同意、只跟自己認識的人交談、只使用適合自己年紀的網站，並跟孩子一起逐一檢視，看看故事裡的小怪獸有沒有遵守這些規定。

最後，告訴孩子：今天我們學到網路是一個很棒的地方，可以讓你不出門就去很多很酷的地方玩。我們也學到，去一個新的地方旅行，一定要注意安全。現在你已經五歲了，可以去網路世界玩，但別忘了注意安全哦！

家有小學低年級生

網路紅綠燈，保護個人隱私！

上一節我們談到，在網路世界裡保護自己，跟在真實世界裡保護自己的道理相同。給學前孩子的三個安全規則當中，包括「待在安全的地方、只使用適合自己年齡的網站。」但是，孩子們該如何判斷正在瀏覽的網頁或應用程式是否安全呢？

美國作家雷恩・布倫南（Wren Brennan）的詩作《網路紅綠燈》[11]很值得參考：

我們上網，去看去玩新東西。
網路紅綠燈，告訴我們往哪兒去。
綠燈行！信任的網站可以去。

黃燈慢！安全是鐵律。
紅燈停！先問問可以不可以？

小學低年級生的學習重點

- 了解在網路世界保護自己跟在現實世界裡保護自己是相似的。
- 學習分辨「綠燈網站」跟「紅燈網站」。
- 知道在不確定網站內容是否恰當時，要尋求爸爸媽媽或老師的協助。

我們可以利用「紅綠燈」的觀念，來教導孩子分辨對自己恰恰好的網路內容，善用「綠燈網頁」來快樂學習、探索、玩轉網路世界。

首先，我們可以再一次向孩子強調，網路世界的安全跟現實世界類似。出門在外看到紅燈就要停下來，等到綠燈亮了再往前走。以「紅綠燈」為比喻，提醒孩子記住，如果他們在網路世界遇到讓自己不舒服的內

11 原文如下：We go online to find/ new things to do and see./ The internet traffic light/ shows where we need to be./ Green means GO!/ To sites we trust./ Yellow means SLOW!/ Being safe is a must./ Read means STOP!/ Ask if it's OK./ Trust your gut./ To go the right way.

容時，也可以這樣處理：跟紅綠燈一樣，紅燈停、黃燈慢、綠燈行；在瀏覽網站時，對於綠燈內容可以放心瀏覽，對於黃燈內容要提高警覺，對於紅燈內容要趕快停下來，尋求爸爸媽媽的幫助。

小學低年級也正是學習掌握自我感受的年紀，當他們學會傾聽自己的感覺，我們要進一步鼓勵他們憑感覺去判斷正在使用的網站或應用程式的內容是否適合自己。這個概念也可以用電影分級制來解釋，幫助他們了解「恰恰好」的意思。

其中，綠燈網站可以定義為：

- 對自己恰恰好、適合自己年紀的網站。
- 內容有趣，有適合小學生的遊戲或知識的網站。
- 用字適合小學生閱讀能力的網站。

黃燈網站可以定義為：

- 感覺似乎不太安全，不確定是否適合自己的網站。

- 用字艱澀，有點看不懂的網站。
- 要求你填寫名字、地址、電話，或其他個人資料的網站。

跟孩子解釋，當瀏覽到黃燈網站時，要提高警覺，請大人幫忙，看看這個網站是否適合自己瀏覽。

紅燈網站則是：

- 符合黃燈網站條件，而且內容明顯讓你不舒服的網站。
- 你本來並沒有要看，不知道為什麼忽然跳出來的奇怪網站。
- 含有為成人設計的圖片、文字或影片的網站。
- 設計來讓陌生人聊天的網站，或者陌生人可以聯絡到你的網站。

告訴孩子，遇到紅燈網站時，應該立刻離開，並通知爸爸媽媽。

孩子了解這些原則以後，我們可以設計一些情境，讓他們練習判斷什麼是紅燈、黃燈、綠燈網站。以下是一些參考情境，爸爸媽媽也可以自行設計：

- 「你不小心進入一個遊戲網站，然後收到陌生人傳來訊息，問你幾歲、叫什麼名字。」——**紅燈**
- 「愛貓的奶奶推薦你一個網站，有很多好笑的貓咪圖片，奶奶說這個網站很適合小朋友。」——**綠燈**
- 「你在網路上查關於太陽系的資料，找到一個網站，可是上面寫的東西你都看不懂。」——**黃燈**

其中，所有讓孩子提供名字、地址、電話，或其他個人資料的網站或應用程式，都應該被視為「黃燈網站」，我們必須提醒孩子，瀏覽到這些網站時要提高警覺，請大人幫忙，看看這個網站是否適合自己瀏覽。

在學會運用網路紅綠燈以後，小學低年級生必須進一步學習，有哪些個人資訊不適合在網路上揭露？

什麼是隱私？問問孩子，他知不知道有哪些事情不能告訴陌生人？如果他答不出來，利用機會說明，地址、電話、全名，都不可以透露給陌生人知道，這就是隱私。

然後跟孩子討論：保護這些隱私資訊為什麼重要？告訴他們，這些資訊可能被壞人利用，使他們陷入危險。提醒他們，在網路上把自己的隱私資訊透露給陌生人，跟在現實生活中這麼做一樣危險、甚至更危險，因為所有公布在網路上的訊息，都可能被不特定人士取得並利用。

小學低年級生的學習重點

- 有些資訊屬於個人隱私，不能在網路上透露給他人。
- 將隱私資訊透露給網路上的陌生人，可能會招致哪些不好的後果。

而談到隱私，家長也許比孩子更需要知所警惕。二〇一六年美國華盛頓州立大學、密西根州立大學聯合以「家庭與科技」為主題進行的大型調查顯示[12]，多數家長缺乏尊重子女隱私權的認知。舉個例子：很多家長喜歡曬小

12 亥尼克爾（A. Hiniker）等：*Parents' and Children's Perspectives on Family Technology Rules*，暫譯〈家長與子女對於家庭科技規矩的觀點分歧〉。SIGCHI研討會，2016年5月。

孩，開學日我們常常在社群媒體上看到家長貼出孩子站在校門口、穿著制服的照片，地標、學校、制服上繡著的學號或名字、甚至其他同學都入鏡……這些照片提供了有心人士豐富的資訊，在透露出孩子的位置與姓名的時候，也就暴露了孩子的隱私，造成潛在危險。

所以，爸爸媽媽可以跟孩子一起用下面的例子來練習，判斷哪些是「隱私資訊」——一起想想哪些資訊可以公開，哪些不可以？

（○）最喜歡的冰淇淋口味
（×）你的全名
（×）你的地址
（○）你的綽號
（○）昨天晚餐吃的東西
（×）出生年月日
（×）媽媽的電話號碼
（○）你最喜歡的一首歌

（○）最近跟好朋友一起看的一部電影
（×）你就讀的學校
（×）電子郵件信箱的密碼
（○）你會彈奏的樂器

做完這個練習以後，提醒孩子，所有在下載時要求你輸入那些「打×」資料的應用程式，以及要求你上傳個人照片的網站，都有隱私顧慮，不適合你這個年紀的小朋友使用。

數年前我在臺灣某書店跟讀者朋友交流時，有朋友提出家中小二的孩子謊報年齡申請臉書帳號，自己無力禁止，因為孩子班上很多同學都這麼做，「小朋友沒有臉書很奇怪」。當時我就回答：許多社群媒體、包括臉書的最低使用年齡下限都是十三歲，這個年齡限制有其理由，小二生沒有臉書帳號不奇怪，有才奇怪。關於如何拿捏使用社群媒體的年齡，將在後文詳述。如果你想讓孩子學會保護自己、而不必由你保護他們一輩子，請堅持這個底線。

我們可以跟孩子討論：為什麼有些網站或應用程式會要求使用者提供個人資訊？多數小學生可能都沒有思考過這個問題。可以告訴他們，這可能是設計這個網站或應用程式的公司想更了解產品使用者，或者向使用者發送廣告、兜售其他服務或商品。

告訴孩子，他們在達到一定年齡以前，絕對不可以自己填寫這些資料。當想要註冊的網頁或應用程式要求填寫個人資料時，先請爸爸媽媽判斷安不安全，並在爸爸媽媽的陪同下填寫資料。

家有小學中年級生

善用密碼，保護個人資料

小學中年級生的學習重點

- 了解人們在網路上分享自我的背後動機。
- 了解隱私資訊不同於一般個人資料。
- 知道在網路上分享隱私資訊可能造成的風險。

前面我們已經跟小學低年級的孩子討論過哪些隱私資訊不能在網路上分享。在這一節，我們要重新用適合中年級孩子的方法，再討論談一次這個題目。因為，隨著孩子長大，使用網路的機會愈來愈多，想要在網路上與人聯繫、表現自我的欲望也會愈來愈強烈。我們需要再一次調整過去給孩子的規定，用適合這個年紀的方法，來幫助他們在網路上與人建立正面的關係，同時又保護自己的隱私。

低年級的孩子剛接觸網路世界，告訴他們「隱私資訊一律不可在網路上跟人分享」是最安全的。中年級的孩子逐漸成熟，爸爸媽媽可以開始引導他們分辨個人資料有哪些可以分享，哪些因為具有識別性而必須保持私密。

首先跟孩子一起複習，哪些資料可以在網路上分享、哪些不行。告訴他們，想要在網路上分享關於自己的事很正常：因為每個人都是獨一無二的個體，是什麼使你獨一無二呢？也許是你的個性、你最愛吃的食物、你心愛的寵物、你最愛的電影……這許多元素，組成了「你」。在網路上分享這些訊息可能很有趣，跟你有同樣想法、喜愛同樣電影的人會對你按讚；美食照片或寵物圖片也很多人喜歡分享，這可以幫助我們跟其他人產生連結。分享有趣經驗可以幫我們保存美好的記憶；分享你獨特的見解可以教會其他人重要的事情。

但是，每一次分享前，我們都需要暫停一下，想一想：將要分享出去的這則訊息，是否可以讓別人用來找到你？例如生日、全名、住址……等，這些具有辨識性的個人資料，不應該在網路上分享，這些是隱私資訊，可能提供有心人士線索，用來「人肉搜索」你、攻擊你、傷害你。

講解清楚以上的基本原則以後，我們可以跟孩子討論：他喜歡在網路上分享哪些資訊？他覺得這些資訊適合公開分享嗎？利用這個機會，再次跟孩子強調，不具識別性的個人資料是可以分享的，包括你的嗜好、你喜歡的電影、你對公共事務的看法、甚至家裡寵物的照片。但「隱私資訊」是不可以分享的，任何可以被用來找出你的資料都算，包括你的全名、住家地址、電話號碼、就讀的學校、還有出生年月日。

最後，我們可以談談隱私資訊流出造成的傷害：有心人士可以利用這些資料找到你、騷擾你，或是在網路上假裝成你，造成你的困擾。

用來保護隱私資訊的好方法之一，就是設定一個強度夠高、夠安全的密碼。我們可以用一些方法，指導小學中年級以上的孩子，設定別人難猜、自己好記的「強密碼」。

首先跟孩子討論：生活中有哪些你會想辦法保護的東西？你怎麼保護它

們？也許你會把日記藏在別人找不到的地方，也許你會用大鎖把腳踏車鎖起來……這都是保護個人物品的辦法。

當我們使用3C產品，像是電腦或是智慧型手機的時候，也不想讓別人可以任意取得我們儲存在這些裝置裡的資訊。最普遍用來保護存在3C產品裡的資料的方法，就是使用密碼。密碼是一串祕密的字母、符號、數字組合，可以用來阻擋別人取得你的資料。

小學中年級生的學習重點

- 知道「密碼」的意義以及設定密碼的目的。
- 了解密碼強度的重要性。
- 練習設定別人難猜、自己好記的密碼。

然後可以舉一些例子，讓孩子明白設定高強度密碼的重要性。例如你把手機忘在公車上，如果有人撿到並且把手機解鎖了，那會怎麼樣呢？再例如，你在圖書館寫電子郵件，寫到一半跑去上廁所，沒有把視窗關掉，如果有人看到並且猜到了你的電子信箱密碼，那又會怎麼樣呢？又例如，你去朋友家玩電玩，離開的時候儲存了進度。回家以後，朋友的弟弟打開電視遊樂器，發現了你的進度又猜中密碼，你覺得會怎麼樣呢？

如果這三個例子還不能讓孩子體會到密碼強度的重要性，那麼假設：爸爸媽媽平常都使用手機上的應用程式連結到銀行帳戶，支付家裡的水電帳單。如果壞人偷了爸爸媽媽的手機，並且猜到了密碼，會怎麼樣？還有些人登入醫院網站看自己的體檢報告，如果他們的密碼被別人知道了，又會怎麼樣？

從上面的例子，相信孩子已經明白，密碼洩漏的後果，不但可能損失金錢，而且可能讓別人冒用我們的身分，利用網路的匿名性做一些壞事。這些後果都很不好，但是可以預防，那就是設定強力的密碼，讓別人猜不到。

建立起基本觀念後，我們就可以來引導孩子設定夠強的密碼了。好的密碼要讓別人猜不到，但是自己很好記。那要怎麼教孩子設計密碼呢？先讓他們選一個只有自己知道的字串，比方說I like to play video games（我喜歡打電玩），縮寫就是iltpvg。然後隨意把其中幾個字母大寫，例如IltpVG。最後加上一兩個自己知道的數字或符號，例如IltpVG23或IltpVG-3。這樣一個自己好記、別人難猜的密碼就完成了！

重複上述步驟，讓孩子練習設定密碼。可以提醒他們幾個小訣竅：

- 用一個好記的字串開頭。
- 只有自己和爸爸媽媽可以知道這個字串。
- 永遠不要用使用者代號來當密碼。
- 一個夠強的密碼至少要有八個字符[13]。
- 字母、數字跟符號都可以用來組成密碼。

13 惠勒（A. Wheeler）、溫本（M. Winburn）：*Cloud Storage Security*，暫譯《雲端存儲安全》。阿姆斯特丹：愛思唯爾出版，2015年。

家有小學高年級生

「這太扯了？」別成了上鉤的魚！

小學高年級生的學習重點

- 定義什麼是「好奇縫隙」。
- 解釋誘餌式標題如何利用「好奇縫隙」來吸引我們的注意力。
- 採取策略，避免落入誘餌式標題的陷阱。

什麼是「誘餌式標題」？他們有什麼目的？我們要怎麼避免掉進誘餌式標題的陷阱？

網路上充滿聳動的標題和搏眼球的圖片，用來讓人覺得好奇、吸引讀者的注意力，但孩子往往不知道，點進這些標題或圖片看到的內容不一定跟標題或圖片有關，這種標題就叫做「誘餌式標題」或「釣魚標題」，我們要教小學五年級的孩子分辨且避免掉進這種標題的陷阱。

先跟孩子來個暖身活動。假設你在新聞網站上看到這四個標題，你會先點擊哪一個？為什麼會點擊這個標題呢？點進去以後你希望看見什麼？

- 放心玩電玩！它對你有益。
- 注意！千萬不要這樣刷牙！
- 最新研究解釋為什麼八成兒童都愛吃蛋糕。
- 難以置信！看看這孩子不可思議的經歷！

跟孩子討論他們的選擇，並解釋：我們的大腦不喜歡有「縫隙」[14]，假設你是某位歌手的超級粉絲，自認知道關於這位歌手的一切，突然看到一個新聞標題說這位歌手有「不為人知的童年」，你就會想要點進去看，因為這個標題暗示你的知識中有「縫隙」，激發了你的好奇心。上面這四個標題也都是利用「好奇縫隙」，這種人們想要填補自己知識空白的特質，讓人好奇，想要點進去看。

請孩子思考：他們選擇點閱的標題，是怎麼應用「好奇縫隙」來吸引閱聽人注意？例如「放心玩電玩：它可能對你有益」這個標題提到「電玩」這個你很熟悉的東西，又暗示「電玩其實對你有益」這個你可能不知道的資訊，你就會想要點進去看，因為預期點進去以後會看到「為什麼玩電玩有益」的資訊，以後就可以拿來說服爸爸媽媽讓你玩。又例如「注意！千萬不要這樣刷牙！」會讓你懷疑，關於這個你天天在做的動作，還有什麼你不知道的奧秘嗎？因此想要點進去看。

許多標題或圖片，都是利用「好奇縫隙」來吸引閱聽人點閱，甚至很多新聞網站也是如此，而當中有一些是設計來吸引閱聽人點閱的「誘餌式標題」。這些誘餌式標題通常帶有廣告目的，當愈多人點閱，衝高該連結流量，廣告商就可以向廣告主收取更多廣告費用。有時候要分辨哪些標題是誘餌、哪些標題真的能提供有益的資訊不太容易，但有三個線索可以找出誘餌

14 洛溫斯坦（G. Loewenstein）：*The Psychology of Curiosity*，暫譯〈好奇的心理學〉。美國心理師學會，1994年。

式標題：

1. 太難以置信的標題。例如：貓星人正在密謀讓地球發生大規模傳染病！
2. 純粹嚇唬人的沒內容標題。例如：你絕對不會相信！這太扯了！
3. 利用名人吸引眼球的莫名其妙標題。例如：安潔莉娜裘莉吃了這個，頭髮長到停不下來！

最後，我們可以用一些網路實例，讓孩子練習分辨哪些是誘餌式標題。以下是我在網路上找的幾個案例，爸爸媽媽也可以自行從網路上找一些例子讓孩子練習。

- 「這個人親了眼鏡蛇一下，你絕對不會相信接下來發生的事！」
- 「五張照片證明這個地方的夕陽是地球上最美的」
- 「情人節想看電影嗎？影評家推薦這幾部」
- 「記得《哈利波特》裡的那個寶寶嗎？他現在的樣子會讓你大吃一

驚！」

除了「誘餌式標題」，還有一種「釣魚式攻擊」，又稱「網路釣魚」。我們要怎麼保護自己不被「釣」呢？

網路釣魚是一種網路詐騙，而詐騙在今天已經成為網路的一部分。儘管如此，很多孩子可能還不知道這些陷阱。我們要如何幫助他們避免被「釣」，點開惡意連結、洩露自己的隱私資訊？以下要提供一些適合的方法。

小學高年級生的學習重點

- 比較「身分盜竊」和一般盜竊的異同。
- 描述罪犯如何利用網路竊取身分。
- 使用線索來辨別網路釣魚陷阱。

先來個熱身活動。問問孩子：你有什麼東西別人可能會想偷走？告訴他們：其實他們擁有一樣很有價值的東西，但這樣東西不是一個物品，而是身分。有一種犯罪叫做身分盜竊，如果你的身分被盜用，可能會發生非常糟糕的後果，包括錢被偷、身分被用來申請信用卡……而有些後果甚至是在你的身分被盜很久之後才會發生。我們要認識身分盜竊的手法，才能學習保護自己的身分不被盜用。

身分盜竊是怎麼發生的？其中一種方法，就是引誘你去點開一個網址，然後填入你的隱私資訊。這種誘騙別人來竊取金錢或資料的企圖，就叫做網路詐騙。引誘別人點開一個網址的手法有很多，其中之一就是利用上面談過的「好奇縫隙」。也有些手法是利用人們期待中獎或害怕失去遊戲或銀行帳號的心理。

最常見的一種手法就是「釣魚式攻擊」，罪犯會假裝成銀行或學校等具有公信力的機構，利用電子通訊的方式，要求你提供個人資料。以下是幾個例子：

- 來自wh@tzup24的推特訊息：「世界上最奇怪的寵物，你看過嗎？點擊轉推：🔗網頁超連結」
- 來自張珍妮的臉書貼文：「超讚的電玩新發售！分享的前200人可以得

到免費遊戲帳號！點這裡分享：🔗網頁超連結」

- 來自0912-345-678的簡訊：「你中獎了！這是來自臺灣彩券的中獎通知，點此領獎：🔗網頁超連結」

我們可以根據幾個線索，來掌握網路釣魚的手法，不當上鉤的「魚」。具有以下特徵的訊息，很可能是網路釣魚：

- 表示事態緊急，需要限期回覆。
- 有錯字或是機構名稱寫錯。
- 有警告意味，讓你覺得自己的帳號是不是出了什麼差錯。
- 偽裝成你的「朋友」，但你一看就知道這個訊息不是對方寫來的。
- 使用短網址。
- 宣稱你中了你從來沒參加過的抽獎。
- 稱謂錯誤。真正的銀行或公司行號會使用正確的抬頭，例如「某某先生」、「某某女士」來稱呼客戶。

掌握這些網路釣魚的特徵，在收到可疑訊息時加以檢查，可以幫助我們避免個人資訊被偷。

把這些方法都教給孩子以後，請他試著教其他人（例如弟弟妹妹、鄰居小孩、甚至填充玩偶）怎麼避免身分被偷。這樣練習，可以幫助他們熟悉並活用這些知識。

家有國中生

認識大數據雙面刃

「大數據」又被稱為巨量資料，這個概念集企業內部的資料分析和統計應用之大成，不但是資料處理工具，也是一種商業思維模式。引導孩子認識大數據以及大數據對我們的影響，先搞懂這個問題：企業如何搜集並應用個人資料？

每次我們上網，都會給出一些關於自己的資料。企業搜集了多少這些資料？專家告訴我們：恐怕比我們以為的多許多[15]。隨著這些數據被廣泛應用，

15 奧西耶（B. Auxier）等：*Americans and Privacy: Concerned, Confused and Feeling Lack of Control Over Their Personal Information*，暫譯〈美國與隱私：擔憂、疑惑與對個人信息的缺乏控制感〉。皮尤研究中心，2019年11月。

個資外洩造成的隱私問題也成為隱憂。我們可以示範給孩子看，如何限制企業搜集你的個資。

國中生的學習重點

- 了解企業為什麼要搜集個人的資料及行為，以及這些數據對企業有什麼價值。
- 分析哪些個人資料會被企業使用。
- 學習限制企業搜集個資的策略。

首先引導孩子揣摩企業的想法。問問他們：如果你有機會為國中生設計一款全新商品，你要怎麼想主意？你也許會訪問同年紀的朋友，看看他們需要什麼。這正是企業的思維——他們會用各種方法來搜集消費者的資訊，而有一種他們最需要的資訊就是消費者的網路使用行為。企業取得這些數據的方式有很多：從他們自己的網站、其他企業的網站、或者透過專門搜集網路數據的公司。

比方說你是一家服裝公司的創意總監，你可以透過網路搜集到這些資料：大部分消費者到你們的網站買夾克；當中很多人也買了帽子、圍巾和靴子；最受歡迎的夾克是深藍色、黑色或墨綠色的；多數消費者住在郊區以及多雨的地方。

這些數據對於新產品的設計是不是很有用？沒錯！有了這些數據，你就可以設計出符合消費者需求的商品：或許是一件深色高領夾克、搭配可拆式連帽、外層加上防水設計，還可以順便推出搭配的雨靴。

然後我們可以跟孩子解釋：雖然你也許很感謝企業用你的行為數據來創造你需要的商品，但大數據有隱憂：企業常常會利用這些數據來進行標靶行銷，就是網站或應用程式使用它們所搜集到關於你的資訊，來對你發送特定廣告。這些廣告有時候很有幫助，但這些廣告也最容易誘使人們一時「腦波弱」，買一些事實上並不需要或負擔不起的商品。更不好的是企業可能把這些數據提供給第三方，數據外洩造成的隱私後果可能很嚴重。

我們可以用三個方法來限制企業搜集個資：

1. 關掉cookie設定：cookie是一種小型文字檔案，企業透過網站將cookie存在你的電腦裡，來追蹤你在網路上的活動。你可以從隱私設定把cookie關掉。

2. 調整隱私設定：多數應用程式都有隱私設定功能，你可以加以調整，來限制哪些資訊會被搜集。

3. 限制分享數據：除非必要，不要提供你的電子郵件地址、或者將你的網路個人檔案連結到另一個應用程式或網站。

事實上，我們每次上網，都會貢獻許多關於自己的資訊給大數據——有時候是刻意為之，有時候不是。但是孩子們往往不知道，網路隱私不只是關於他們說了什麼、貼了什麼。在認識大數據以後，我們還要幫助國中的孩子了解什麼是數位足跡，以及如何採取步驟防範他人在網路上追蹤自己。

最近網路上流傳一則迷因，有巨石強森和李奧納多等好幾個不同版本，但內容都一樣：甲說「我會讀心術」，乙說「所以你的超能力是什——」話還

國中生的學習重點

- 了解隱私的概念，包括哪些資訊可以在網路上與人分享。
- 分析廣告商搜集個資以及發送個人化廣告的方法。
- 找出方法保護自己的隱私，包括退出使用某些功能、留意網站或應用程式的隱私權政策。

沒說完，乙忽然像發現了什麼般驚訝錯愕的望著甲。

可以問問家裡的國中生，看看他是否看過這個迷因。十有八九，他已經看過了。問問孩子，他覺得這迷因好笑嗎？為什麼好笑？或者為什麼不好笑？

「讀心術」其實天天在發生。你可能有這樣的經驗：你在網路商城看上了一雙鞋，覺得很好看但是有點貴，所以沒有馬上買，而是搜尋了一下類似款式的鞋子，最後還是沒有買。第二天，你發現這雙鞋的廣告開始不停出現在你最常使用的新聞網站上，還有社群媒體的貼文之間。如果你的孩子也會使用網購，他可能也已經有類似經驗。這是因為，當你在逛網路商城時，你的搜尋引擎和智慧型裝置已經記錄你在網路上的行動了。

除了逛網路商城，還有很多情境會讓我們洩漏個資。許多社群應用程式的使用年齡下限是十三歲，因此從國中起，很多孩子會開始使用社群媒體。如果孩子已經有社群媒體帳號，請他回想一下：在註冊使用社群媒體時，給出了哪些個人資料？如果孩子還沒有社群媒體帳號，可以開一個社群媒體的註冊頁面給他看看：這些社群媒體要求他輸入哪些個人資料？請他想一想：社群媒體為什麼要搜集這些資料，這些資料會被用來做什麼？

會使用社群媒體註冊頁面的孩子，一定也要學會使用隱私設定頁面。告訴孩子，使用社群媒體當然沒問題，但是要了解對方的**隱私權政策**，知道自己同意共享哪些個人資料，還要學會使用隱私設定，來避免社群媒體搜集你並不想與人分享的個資。掌握了隱私設定與隱私政策，才能做出深思熟慮的決定。

隱私權政策
應用程式或網站必須提供給使用者相關法律文件，載明使用者的個資會如何被搜集及使用。

國中生的學習重點

- 定義數位足跡，並描述企業如何追蹤使用者的足跡。
- 分辨追蹤數位足跡對企業以及消費者的利與弊。
- 分析特定的數位足跡追蹤實例，並決定自己的立場，是否願意在特定情況下被追蹤。

大數據就是**數位足跡**的集大成。認識了大數據以後，我們要來討論數位足跡被追蹤的利弊。

> **數位足跡**
> 我們在網路上的所有活動都會留下紀錄，包括上了哪些網站，分享了哪些個人資訊……等。

對大數據有所認識的國中生，應該也已經清楚了解，自己每次上網，都會被追蹤數位足跡。我們使用的網站與應用程式，會利用追蹤使用者的數位足跡所得到的資訊，來提供個人化的內容。這樣可能很方便，但是企業（含電商、媒體等）會不會用搜集到的個資來做其他事情呢？深入了解個資如何被使用，可以讓我們在保護隱私權時，做出更聰明的決定。

彭博新聞社報導指出[16]，智慧型裝置會搜集並分享用戶的使用習慣，彼此連接的裝置——包括手機、平板、電腦、智慧家用系統等——便可據此來滿足用戶的個人需求，然而一旦其中一個裝置遭到駭客攻擊，用戶的個資就會全部曝光。

荷伯報到（*The Late Show with Stephen Colbert*，又譯《史提芬・科拜爾晚間秀》）也曾於節目中指出[17]，Netflix會依據用戶的種族等個資，用不同封面圖來推送影片，例如《愛是您愛是我》（*Love Actually*，又譯《真愛至上》）全體演員都是白人，只有黑人演員奇維托・艾吉佛（Chiwetel Ejiofor）在該片中客串，Netflix就用艾吉佛的劇照做成電影封面圖，來推送該影片給黑人用戶，但其實艾吉佛在全片中只出現了三十秒。這樣不但有誤導觀眾之嫌，更有學者擔憂此風會助長種族偏見。

在前面我們已經跟孩子解釋過，企業會利用搜集到的個資來推送特定廣告。上述實例更表明，企業不但會推送廣告，還會用來推送特定網路內容，「餵食」使用者特定資訊。問問孩子：他對此有什麼看法？

上述兩則報導，都可以在網路上找到，家長可以找來跟孩子一起看，然後分別從公司與消費者的立場討論數位足跡追蹤的利弊。每個人感受不同，有人覺得被追蹤與推送特定內容很方便，也有人覺得這樣很討厭。請孩子思考一下，數位足跡追蹤還有什麼優缺點？他喜歡被追蹤嗎？喜歡被推送特定內容嗎？

在今天的網路大環境下，這個問題的答案不是「喜歡」或「不喜歡」，而是「願意被追蹤以及推送特定內容」到什麼程度。這個問題沒有標準答案，但孩子必須有自己的想法，不能被外力牽著走。邀請他們依據目前對大數據的了解，思考一下自己的立場。

如果孩子一時間無法決定立場，可以用兩個簡單的問題來幫助他們思考：

---

16 哈里夫（O. Kharif）：*The Overview: The Internet of Things*，暫譯〈物聯網問題概述〉。彭博新聞社，2016年9月。

17 荷伯報到：*Netflix Movie Posters Might Be Pandering To You*，暫譯〈Netflix電影封面圖可能迎合、誤導你〉。哥倫比亞廣播公司，2018年10月24日。

1. 哪些資訊會被追蹤？（年齡、性別、服裝品味、按讚的社群媒體貼文……等。）

2. 誰在追蹤你？（社群媒體應用程式、網路商城、串流媒體平臺……等。）

然後，用以上兩個問題的答案來排列組合，思考自己的立場。例如：「你喜歡社群媒體追蹤你對哪些貼文按讚，然後推送特定貼文給你嗎？為什麼？」「你喜歡網路商城追蹤你的服裝品味，然後推送特定服飾廣告給你嗎？為什麼？」多想想幾個類似問題，就能找到自己的立場與意願。

家有高中生

新科技與社群媒體風險評估

高中生的學習重點

- 理解新科技的優點及隱私風險。
- 決定新科技所帶來的益處是否值得犧牲部分個人隱私。
- 採取步驟，按照個人意願適當享受新科技的好處、適當保護隱私。

新科技，例如定位服務和智慧型裝置，帶來前所未有的便利，代價則是隱私風險。如何決定這些代價是否值得？我們不能幫孩子做決定，但我們可以引導他們自己評估新科技的利弊。

以現在熱門的臉部辨識技術為例，也許你家就有這種用臉部特徵辨識個人身分來解鎖的智慧型手機或平板，如果沒有，高中生多半也聽說過這種技術。

那麼，臉部辨識技術有沒有隱私顧慮呢？舊金山公共電視（KQED）節目《塵囂甚上》（暫譯，*Above the Noise*）曾經製作了一集專題[18]來探討這個問題。臉部辨識的好處很多，包括可以利用它來使用一些好玩的功能，例如：用Snapchat或Instagram的濾鏡幫自己的照片加上動物的耳朵、鼻子等。臉部辨識功能也可以方便你解鎖智慧型手機，甚至可以幫助政府鎖定罪犯，維護治安。

另一方面，有些公司在商場裡裝設攝影機，用臉部辨識技術來鎖定消費者的好惡；在民主法治未臻成熟的國家，臉部辨識技術可能被政府用來迫害政治異議人士。而這種技術的特性，就是讓人不論走到天涯海角，都無所遁形。

我們願意被臉部辨識技術監控嗎？如何在這類新科技帶來的好處以及潛在的壞處間取得平衡點，是個棘手的問題。新科技是有用還是有害，端看：是誰在使用它，如何使用它，為什麼使用它，以及牽涉其中之人的隱私權會如何被影響。

舉個例子，跟孩子一起思考：如果學校每到中午，福利社都大排長龍，有人提議用「臉部辨識技術」結合自動扣款，省下學生買午餐時付錢、找錢的時間，可以大大縮短排隊時間。你同意嗎？為什麼？

先讓孩子說說他們的想法，再提出自己的想法跟孩子討論。這不是一個是非題，鼓勵孩子從利弊兩方面來思考，用「非常同意」、「有點同意」、「有點不同意」、「非常不同意」的程度來表示意見。

然後，問問孩子：如果臉部辨識器裝置的位置不同，像是裝在走廊上或是裝在福利社裡，會不會影響你的看法？如果不只是供應熱食的廠商，而是校長跟老師們都能取得這些臉部辨識資料，會不會影響你的決定？如果這個臉部辨識技術在你家附近的超市裡本來就有在用了，你的態度會不會又不一樣呢？

---

18 塵囂甚上：*Is Facial Recognition Invading Your Privacy?*，暫譯〈臉部辨識技術侵犯了你的隱私嗎？〉。舊金山公共電視，2017年12月6日。

這些練習的目的，不是要找到「對」的答案，而是給孩子打預防針，在享用新科技的便利之前，要先停下來想一想自己將會付出的代價。臉部辨識技術只是一個例子，未來，尤其是在我們離孩子遠去以後的日子裡，新時代的新科技會愈來愈多，我們的孩子未來將會遇到更多需要做這種決定的時刻。

另一樣以隱私為代價換取便利的東西，就是社群媒體。依據美國兒童網路隱私法（Children's Online Privacy Protection Act，簡稱COPPA）的規定，社群媒體的使用者年齡下限是十三歲，可是我們知道很多青少年都在想辦法鑽漏洞。因為有了社群媒體帳號，他們就多了一個好玩的管道跟同儕聯繫。但與此同時，他們也開始承擔風險，從隱私問題、到網路霸凌、到網路社交帶來的情緒問題。引導高中生反思相關法規，可以幫助他們重新思考使用社群媒體的風險和回報。

時光倒流到二〇〇六年，當時臉書公司才剛成立不到兩年，而最紅的社群媒體平臺是MySpace。教育界開始注意到社群媒體的隱憂，開始向中學生宣導注意MySpace帶來的網路霸凌問題。雖然MySpace有使用年齡限制、使用者必須

高中生的學習重點

- 解釋為什麼美國法律規定社群媒體以及任何搜集個資的網站，必須有十三歲的使用者年齡下限。
- 理解標靶式行銷帶來的風險，尤其是以兒童為目標的標靶式行銷。
- 藉由探討關於社群媒體使用年齡下限的不同觀點，思考自己的立場。

年滿十三歲，但只要謊報年齡，就可以輕鬆註冊成功，很多中小學生擁有帳號。

時光快轉十年，擁有個人社群媒體帳號的孩子更多了。有些孩子在小時候就被爸爸媽媽用自己的名字開了社群媒體帳號，長大一點自然想接手經營自己的個人品牌；有些孩子還在用十年前的老把戲，謊報年齡註冊社群媒體帳號。常識媒體二〇一五年調查發現，八到十二歲的孩子當中，兩成擁有社群媒體帳號，多數父母不知情。同一份調查指出，擁有社群媒體帳號的孩子，使用3C產品的時間也比較長，平均每天花六小時看電視、打電玩、滑手機。

這是二〇一五年的調查。我們可以合理猜測，今天使用社群媒體帳號的孩子只增不減。我本身是文教記者，偶爾在小學代課。我認識的小學生半數擁有YouTube帳號，不少孩子夢想成為網路紅人。偶爾會有孩子問我：為什麼一定要十三歲才能用社群媒體？

如果你家的孩子也有這個疑問，可以告訴他們：市面上多數社群媒體的經營者都是美國公司，而美國兒童網路隱私法規定十三歲以下兒童不能使用社群媒體。因為社群媒體搜集很多使用者的個人資料，而兒童被認為是需要保護的群體，因為他們年紀還小，還不能完全理解他們在網路上的行動、洩漏個資可能造成的後果。

跟孩子討論：他們覺得幾歲開始使用社群媒體是合理的？反對社群媒體使用年齡下限的理由是什麼？他們自己的觀點又是什麼——是否贊成社群媒體應該有使用年齡下限，這個下限又應該是幾歲？

孩子們可能會提出許多不同的答案。可以告訴他們，事實上有些教育界人士反對社群媒體規定使用者的最低年齡，他們認為使用社群媒體有助兒童建立自尊與自信，在現實中被霸凌排擠的孩子有機會在社群媒體上找到支持，社群媒體讓兒童也有機會組織活動、闡揚自己的信念。讓孩子思考自己是否同意這些觀點，並反省自己是否夠成熟、能夠概括承受在社群媒體上一切言行帶來的後果。

如果你的孩子已經夠成熟，可以跟他們討論關於隱私界線的問題：你覺得政府應該有權利搜集人民的社群媒體及手機通聯資訊嗎？為什麼？

當我們手中握有愈多資訊，往往就能做出愈好的決定。不論是個人還是政府，都能利用資訊的力量獲益。但是我們能信賴誰來掌握這全部的資訊呢？我們相信政府搜集了人民的資訊以後都會合理使用，不會侵犯我們的隱私權嗎？跟高中生一起思考這些問題，幫助他們在資訊政策議題上成為思慮周密、有影響力的人。

先問問孩子：你覺得學校掌握了多少關於你的個人資訊？除了姓名、地址、課表、成績，學校還知道關於你的其他事情嗎？你在校外的言行呢？你覺得學校會知道嗎？

有些孩子會說不知道，有些孩子可能會想到學校能掌握一些課外活動的情況，有些孩子甚至會提出說老師會看他們的社群媒體。不論他們怎麼回答，都可以告訴他們：有些學校會監視學生在社群媒體上的發言[19]。然後向他們解釋：學校不是唯一會監視人們社群媒體的單位。

政府也能掌握大量的人民個資，包括我們在社群媒體上的動態。有些人認為這是維護治安的必要手段。有些人覺得這是一種大規模監視。評論家認為這侵犯了人

高中生的學習重點

- 分析讓校方掌握學生社群媒體帳號資訊的利與弊。
- 描述讓政府搜集人民社群媒體及手機通聯資訊的隱憂，包括箝制言論自由及侵犯隱私的顧慮。
- 站定立場，知道自己贊成或反對政府搜集人民社群媒體或手機通聯資訊的理由，並能以論述與實例來支持自己的立場。

民的隱私，美國民權團體認為這違反美國憲法第四條修正案所保障的：人民有免受無理由搜查的權利。

所以，今天我們就要來檢視正反兩方的論點，尤其是政府是否有權利搜集人民的社群媒體及手機資料。贊成政府掌握人民社群媒體及手機資料的一方認為，政府可以用這些資訊來打擊犯罪，而且當人民自願把自己一部分的資料讓渡給第三方，例如社群媒體或電話公司時，隱私權就不再受到保護[20]。也有人認為，「好人」不怕被監控。

反對者則認為，如果政府有權利大規模監控個人資料，就可以用這些資料來打壓異議人士[21]，而且誰有資格決定怎樣是「好人」、怎樣是「壞人」

19 新聞時刻（News Hour）：*School are watching students' social media, raising questions about free speech*，暫譯〈學校監視學生社群媒體，引發言論自由疑慮〉。美國公共電視（PBS），2017年6月20日。

20 新聞時刻：*Can Police Use Cellphone Location Data Without a Warrant? Supreme Court Ruling Could Have Wide Impact*，暫譯〈警方可以無拘票使用手機定位嫌犯嗎？高等法院的裁決影響重大〉。美國公共電視，2017年11月29日。

呢？全世界最早報導相關議題的記者葛林伍德（Green Gleenwald）就指出：政府搜集的個人資料，對於國家的少數意見人士，會產生不成比例的壓制作用。

跟孩子一起多搜集一些資料，一起研讀，一起做筆記，一起分析贊成或反對政府搜集人民社群媒體或手機資料的理由。然後給他們一些時間思考，最後不妨來個家庭辯論。記住：這個辯論的目的不是說服對方，而是一起思考不同觀點。

21 湯普森（A. Thompson）：*How governments use Big Data to violate human rights*，暫譯〈政府如何使用大數據侵犯人權〉。澳洲 The Conversation 新聞網，2019年1月13日。

CHAPTER 3

數位足跡與網路身分

家有學前兒

大人可以網路曬小孩嗎？

今天，許多幼兒在還沒有涉足社交網路以前，就已經留下數位足跡：他們自從來到世間，所做的每一件事，包括滑稽言行、生病感冒、成長里程碑……都為父母的社群媒體頁面憑添色彩。爸爸媽媽們用部落格、社群媒體記錄自己的育兒生活，把孩子的一切公諸於世，而很少爸媽在這麼做的時候會想到，有一天這些圖像可能會讓孩子困擾不已。

佛羅里達州立大學法學院教授斯坦伯格（Stacy Steinberg）指出，人人都有權利控制自己的網路形象，家長不應該侵犯孩子的這項權利。她用六年的時間研究家長在社群媒體上分享照片的影響與後果[22]，提出如果就是「忍不住要曬小孩」，至少應該謹記：**給孩子絕對否決權**、**捍衛孩子的隱私**。

首先，英國廣播公司（BBC）委託民調公司ComRes所做的家庭社群分享習慣調查發現，兒童從十歲起，就開始對自己的社群媒體形象有強烈意識，到十二歲完全成熟。從這時候開始，父母在社群媒體上分享孩子的照片之前，都應該徵求同意；在社群媒體上發表任何關於孩子的文字內容，也應該先與孩子討論他們的感受。即使是十歲以下的孩子，也應該擁有絕對否決權。

其次，本書用了整個第二章討論如教孩子保護自己的隱私權，很多家長也關心如何保護孩子的個資不外流、如何保護孩子免受網路惡狼侵害。很不幸的是，當家長選擇在社群媒體上貼出孩子的第一張照片，就已經不可能再完全保護孩子免於上述風險。串流傳輸時代來臨以後，網路兒少性剝削更形嚴重，受害者已經下降到幼兒。調查顯示，網路上流傳的兒少私密照當中，甚至有家長自己拍來曬小孩的；臺灣兒童福利聯盟二〇一九年調查發現：有八成四父母習慣性上網曬小孩，兩成父母曾放出寶寶裸露照片且沒有打馬賽

22 斯坦伯格（S. Steinberg）：*Growing Up Shared*，暫譯《成長被分享》。伊利諾伊：Sourcebook 出版，2020年8月4日。

克，只有一成父母會事先詢問孩子的意願，超過四成父母曬小孩前沒有檢查社群平臺的隱私設定。

幸好，我們仍然可以將風險降到最低：除了避免分享可以辨識出孩子身分的個人資料，我們可以避免貼出可能會令孩子在未來感到尷尬的照片。如果有關於孩子的健康問題需要在家長社群中求助，可以描述症狀就好，不要貼出孩子的照片。

我們希望教養出懂得經營數位形象的孩子，第一步就是以身作則、言行一致。新冠肺炎襲捲全球以後的後疫情時代，許多孩子比以前更依賴網路去認識世界與對外溝通，許多爸爸媽媽也比以前更擔心孩子的社群媒體使用行為。如果我們要規管孩子的社群媒體使用，就要先留心自己在社群媒體上的行為。孩子會模仿爸媽的行為，如果我們不注重孩子的數位形象，他們就不會經營自己的數位形象。如果我們老想著用孩子的照片來得到「讚」，孩子也只會想到用貼照片來得到讚。而經由給孩子絕對否決權、捍衛他們的隱私，家長也示範給孩子看什麼叫做自我控制。

家有小學低年級生

什麼是數位足跡？

我們在網路上做的每一件事，都會留下永遠的紀錄嗎？有哪些紀錄，適合保留在自己的數位足跡裡？

小學低年級生的學習重點

- 學習在網路上分享哪些資訊會留下數位足跡。
- 考慮哪些資訊適合成為自己數位足跡的一部分。

所有我們曾經在網路上分享的資訊，都會留下一個數位足跡。我們的數位足跡有多大或多小，對我們的形象是加分或減分，都取決於我們怎麼管理自己的足跡。經過恰當引導，小學生就可以學習比較不同的數位足跡，獨立思考他們希望留下什麼樣的足跡。

首先，告訴孩子：有些足跡可以輕易抹去，比方說家中小狗腳髒髒的跑到客廳裡，踩出了很多腳印，可以用拖把擦一擦抹去足跡。又比方說在沙灘上跑步玩耍，留下許多腳印，海水一漲潮就把足跡抹去了。但有些足跡無法輕易抹去，那就是你的數位足跡。每次上網玩遊戲、收發電子信件、瀏覽社群媒體，都會留下永久的足跡，無法清除。如果頻繁上網，在很短的時間內，你的數位足跡就會變得很龐大。龐大不是問題，問題是所留下的足跡中，有沒有不安全、會在未來傷害到你的資訊？在網路上分享任何資訊前，都要先想一想，這些資訊如果在未來被追蹤到，會不會威脅到你的隱私、個人安全、個人形象。永遠不要輕易分享你的全名、電話、地址、出生年月日、就讀學校，因為這些是屬於你的隱私資訊，而一旦把這些資訊放上網路空間，就再也難以回收。你也應該確定自己在網路上的所有言論，都是負責任的、尊重他人的，因為所有網路發言，都會變成個人數位形象的一部分。

藉這個機會提醒孩子，隱私資訊就是「可以讓別人用來找到你本人的資訊」。而隱私資訊外洩的後果，包括可以讓別人找到你的位置，以及利用網路的匿名性，在網路世界假裝成你，做一些不好的事情。

然後，可以跟孩子一起玩別冊第四篇的活動，幫助他們了解數位足跡可能產生的影響。相信孩子很快就會發現，雖然每則貼文都沒有標明身分，但還是有些蛛絲馬跡可以分辨出是哪位怪獸的數位足跡；而只要把這些足跡拼湊起來，很容易就能夠掌握許多關於兩位怪獸的個人資訊。請孩子比較一下：哪位怪獸的數位足跡，可能會在未來對他的個人安全產生威脅？

最後，告訴孩子，留心數位足跡，並不表示完全不能在網路上分享資訊或想法。你可以分享沒有辨識性的個人資訊，包括自己的嗜好、最喜歡的東西；也可以發表個人意見，只要注意發言是負責的、尊重他人的。如果你不確定某些資訊是否適合分享，可以先跟爸爸媽媽討論。

家有小學中年級生

經營網路形象

我們在網路上貼出的圖片或文字，將形塑我們的網路形象。

從自拍到社群媒體，我們當中許多人都為自己創造了獨特的網路形象。孩子也不例外，但他們常常不知道其他人會怎麼解讀自己貼出的圖片或文字，所以我們要幫助小學中年級生思考他們是如何創造自己的網路形象。

先來個暖身活動。問問孩子，在什麼時候，或在哪裡，曾經看過有人自拍？你覺得他們為什麼要自拍？是為了知道自己長什麼樣子嗎？還是想秀給別人看自己在哪裡、在做什麼？

如果孩子不懂，我們可以向他解釋，「自拍」就是一個人自己幫自己拍的照片，自拍是許多人在網路世界自我介紹的方式。問問孩子，他們會怎麼自我介紹。這個年紀的孩子可能有自拍過，可能還沒有，無論如何，都可以邀請他們想一想，如果他們要拍一張自拍照，放在網路上的公共領域介紹自己，這張自拍照會是什麼樣子？你會在哪裡拍這張照片？照片裡的你在做什麼？你會怎麼穿著打扮？

小學中年級生的學習重點

- 考慮分享自拍照會如何引導其他人對自己的臆測。
- 反思自己的網路形象，及其中最重要的組成部分。
- 找出最能呈現自己的方式來經營個人網路貼文。

請孩子把理想中的自拍照畫下來，鼓勵他們盡量發揮創意，並加上一些細節。這個小活動，可以幫助孩子思考他們理想中的網路形象。

然後，爸爸媽媽可以在家裡跟孩子討論，他們希望別人怎麼看自己。告訴他們，當我們貼出自拍照或其他公諸於世的影像，我們就在引導別人對自己做出臆測。請他們想一想，自己想要呈現什麼樣的網路形象。

老師也可以讓學生在課堂上畫自己的「自拍照」，然後把全班同學的自拍照蒐集起來，隨機抽出幾張，讓全班同學猜猜看這些「照片」裡的人是個什麼樣的人？再想一想，你為什麼會做出這樣的猜測？提醒同學們，不論他們怎麼臆測，必須尊重照片裡的人。

接著請畫這幾張自拍照的同學分享，同學們對你的臆測正確嗎？哪些部分正確或不正確？你覺得大家為什麼會這樣猜？對於大家的猜測，你感覺怎麼樣？

這個活動比較適合在課堂上進行，但是爸爸媽媽也可以在家裡跟孩子玩，請孩子畫下自己的「自拍照」以後，爸爸媽媽拿著這張「照片」，對孩子說：「如果我不認識你，只看到這張照片，我會覺得你是一個……的人，因為……」盡量客觀的發表自己對這張照片的印象，然後問問孩子這是不是他們希望呈現的形象。

不論是在課堂上還是在家裡，做完這個小活動後，都可以問問孩子，考慮到別人將對自己做出的臆測，他們會想怎麼修改自己的自拍照？在課堂上，可以用小組進行這個活動，讓每個學生的「自拍照」都有機會得到評語。

另外一個影響我們網路形象的因素，就是我們的數位足跡。我們在網路上的活動，不但會影響到我們自己，也會影響到其他人。

小學中年級生的學習重點

- 定義「數位足跡」，並能指出有哪些網路活動會變成數位足跡的一部分。
- 分辨哪些數位足跡是自己可以控制的，哪些不行。
- 了解應該對自己的數位足跡負哪些責任。

我們的數位足跡，會影響我們在網路上的名譽很長一段時間。但孩子往往不知道，數位足跡不只是自己的事。我們可以示範給孩子看，如何經營一個正面的網路名譽。

開始討論數位足跡以前，先跟孩子聊聊，他們見過留在地上的動物腳印嗎？他們可以從腳印推理出是哪種動物留下來的嗎？推理就是根據證據來猜，不是隨便亂猜。我們可以從動物的腳印看出很多事情，比方說這隻動物有腳掌、有爪子，會在陸地上行走。

同樣的道理，科學家可以從動物化石中推理出很多東西。腳印跟化石，都是動物在世界上留下來的痕跡，即使在牠們離開，甚至死亡以後，我們還可以從這些痕跡中學到很多事情。在某些情況下，比方說化石，甚至是永不磨滅的。人類也是一樣，我們也在世界上留下很多痕跡。

除了留在地面上的具體腳印，我們也在網路世界裡留下腳印。網路世界裡的腳印，跟化石一樣，可以透露出很多關於我們的事情，而且會存在很長一段時間，這就叫做數位足跡。數位足跡是我們在網路世界裡一切行為的紀錄。

下面有一個小活動，可以跟孩子一起做：小怪獸在網路上花很多時間，留下很多數位足跡，這些是其中一部分。一起仔細看看，每個足跡分別告訴你關於小怪獸的哪些事？哪些足跡是他可以控制的，哪些不是？用這張表，寫下你的答案。

數位足跡活動	看到這個足跡，讓你了解關於小怪獸的什麼事？	小怪獸能自己控制這個足跡嗎？
小怪獸出現在怪獸媽媽上傳到網路上的學校球賽影片裡		
小怪獸在YouTube上對一支搞笑影片留言評論		
小怪獸用怪獸爸爸的網路購物帳號列了一個「願望清單」		
小怪獸的名字出現在一個網路遊戲的「高分玩家排行榜」		
小怪獸跟朋友的合照出現在朋友的臉書上		

爸爸媽媽可以寫下自己的答案，也請孩子寫下他們的答案，然後一起討論。幫助孩子了解，雖然小怪獸可以自己決定要不要玩電玩、要不要跟朋友合照，但卻不能控制自己的名字是否出現在高分玩家排行榜上面，或者朋友是否貼出這張照片。從小怪獸的數位足跡裡，我們可以知道很多關於他的事，也可以看出數位足跡不是可以靠自己完全控制的。

考慮到數位足跡的影響深遠，並且我們無法完全掌握自己的數位足跡，每個人在網路上活動時，都應該負起責任——對自己負責，也對別人負責。對自己，或許是在網路上呈現自己最好的一面。對別人，或許是在分享別人的照片之前，先徵求對方同意。

家有小學高年級生

性別刻板印象與自我特質

研究指出[23]，性別刻板印象對孩子的網路經驗有很大的影響——孩子們每天在網路媒體上吸收各種刻板印象，而且他們往往只是被動接受這些印象，不會主動去想所看到的形象代表什麼意義。當孩子升上高年級，我們可以開始引導他們思考，刻板印象、尤其是性別刻板印象，如何形塑他們對自己和他人的看法。

先來討論什麼叫做性別刻板印象。下面是幾個例子：

23 勒博（K. LeBeau）等：*Examination of Gender Stereotypes and Norms in Health-Related Content Posted to Snapchat Discover Channels: Qualitative Content Analysis*，暫譯〈檢視 Snapchat 中健康議題相關貼文呈現的性別刻板印象：量化分析〉。醫學互聯網研究期刊，2020 年 3 月。

• 男生喜歡競爭、喜歡贏。
• 女生喜歡打扮。
• 男生都很好動。
• 女生都很愛哭。

小學高年級生的學習重點

• 定義「性別刻板印象」，並描述網路文化對性別刻板印象的呈現。
• 描述性別刻板印象如何導致不公平的偏見。
• 用圖畫或文字反省性別刻板印象如何影響他們對自己的看法。

邀請孩子分享他們對這幾個印象的想法，以及他們為什麼這樣想。告訴他們，這就是性別刻板印象，這些印象往往是文化的一部分，因此很容易在不知不覺中影響我們。再請他們想想看在網路上的經驗，曾經在網路上看過哪些對於性別的刻板呈現？

再想想看上述性別刻板印象，哪些你覺得中肯真實？可以舉例說明嗎？關於刻板印象，有一個重點是：這些印象不是錯的，只是過於簡化。換句話說，它們可能概括了大部分、但卻不是全部的現象。

經過以上討論，我們可以發現，性別刻板印象可能來自很多地方。網路就是一個我們最常見到性別刻板印象的地方——當我們玩網路遊戲，觀看網路影片，或經由評論、照片、大頭貼與他人溝通，我們都可能在吸收或散布刻板印象。

再想一想你的網路大頭貼。現在很多人已經不用照片，而用卡通化的頭像在網路世界裡或者玩網路遊戲時代表自己。你的孩子有沒有大頭貼呢？大頭貼往往代表一個人對自己的印象，或者他們希望自己呈現給世界的形象。讓孩子檢視一下自己的大頭貼。如果他們還沒有大頭貼，不妨趁這時候創造一個，可以用畫的，也可以用大頭貼應用程式製作。問問孩子：你的大頭貼符合哪些性別刻板印象？挑戰了哪些性別刻板印象？

這個練習的目的，是讓孩子們有意識的去認識自己的特質，有哪些符合傳統刻板印象之處、又有哪些挑戰傳統之處。符合刻板印象的孩子並不無趣，的確有很多男孩喜歡競爭、喜歡贏，很多女孩喜歡打扮自己。挑戰刻板印象的孩子也並不奇怪，的確也有好動的女孩和愛哭的男孩。

藉由這個練習，可以幫即將進入青春期的小學高年級生做好心理建設，對自己的特質有一個清明的認識，未來在紛亂的網路世界中，無所畏懼、自在的做自己。

要做自己，先想一想自己是誰。在網路世界裡，你想呈現真實的自己，還是經過「調整」的自己？

「做自己」跟「做真實的自己」是什麼意思？這是任何人都是需要深入思考的問題，也是小六生就可以開始思考的問題，出生於網路時代的孩子更需要思考這些問題。很多人會在網路世界裡創造一個不同的自己，這是為什麼？

首先帶孩子探討在網路上呈現非真實自我的利弊。為什麼很多人喜歡在

小學高年級生的學習重點

- 反省人們在社群媒體上創造「假帳號」的背後原因。
- 分辨用假帳號貼文可以得到的成果或可能導致的後果。
- 辯論用多個不同真假帳號操作訊息的利與弊。

網路上呈現經過調整的自己呢？

讓我們面對現實：作為一個人，我們都面臨很多的社交壓力，對青少年來說更是如此。不論你是誰，是大人還是孩子，我們都希望呈現給世界看一個更容易為人接受甚至受人歡迎的形象，一句話：我們都想得到「讚」。一開始我們也許只是選擇照片，只呈現快樂的一面給社群媒體上的朋友；或者修飾一下這些照片，讓自己看起來身材更瘦、皮膚更好。這種完美演出的壓力是很大的，有時甚至會令人感到焦慮或沮喪。漸漸的，有些人會開始建立第二個帳號甚至假帳號、或者用來匿名發布貼文的ＩＧ「小號」——finsta，用一個帳號去呈現完美的自己、另一個帳號呈現不經修飾的自己。

其他創立多個帳號的原因還有很多。有人想向特定的一群人發表特定主題的貼文，像是電玩、運動賽事的同好頁，這樣由相同興趣或目的聯繫起來的一群人，就叫做「親和團體」。有人會為家人跟親密的朋友創建私人帳號，發表比較日常、沒有經過修飾的照片，在自己的公眾帳號上則發表經過精心挑選、策劃的「策展」內容。為了避免某些貼文被特定人士看到，有些青少年會瞞著家長開設祕密帳號、有些成人會開設不讓工作場合上司或同事知道的帳號。也有人開設假帳號來發表對時事的想法、苛薄的評論，甚至對他人的嘲弄，以免這些不當言論招來對本人的肉搜攻擊。

開設第二個帳號或者假帳號有哪些利弊呢？我們可以利用興趣帳號來聯繫跟自己有相同興趣的人、用私人帳號放鬆享受與至親好友分享照片的樂趣而不用擔心形象問題，這些是開設多個帳號的優點。缺點則是管理多個帳號可能相當費時費力，一不小心還可能發生帳號切換錯誤、讓某些人看到你不想讓他們看到的內容。如果細心觀察，我們更會發現，許多網路霸凌、侮辱、嘲弄的言論都是從匿名假帳號發出，濫用假帳號的後果會使我們的網路世界變成一個有潛在危害的地方。

經過這些討論以後，我們可以問問孩子：他希望怎麼在網路世界呈現自己？可以來一場辯論，討論建立假帳號是否值得。先讓孩子選擇他的立場，如果他贊成建立假帳號，爸爸媽媽就扮演反方，反之亦然。這個辯論的目的不是要說服誰，而是要多方思考建立假帳號的利與弊。

家有國中生

數位足跡的威力和責任

數位足跡如何塑造我們的未來？

是的，數位足跡會影響我們的未來。其他人在網上看到關於我們的一切，都會塑造他們對我們的看法與感受。我們可以幫助家裡的國中生了解這一點，學習關於數位足跡的影響，以及如何採取步驟，經營他們的網路形象。

首先介紹「數位足跡」的觀念給孩子，一起學習數位足跡傳達了哪些訊息。數位足跡裡有什麼呢？每次上網，都會留下一個「腳印」，包括你自己貼的訊息、別人所貼關於你的訊息，故意的、無心的……這些留在網路上的腳印會透露很多關於你的事情，別人可以搜尋、可以複製、可以分享、可以傳播，而且永遠不會消失。

問問孩子，他們對於自己的足跡被儲存、被分享、被傳播有什麼感受。他們可能會覺得擔心、困惑、好奇或者害怕。告訴他們，這就是為什麼，我們要時時自問：你在網路上留下哪些腳印？或者，你「想」在網路上留下哪些腳印？

國中生的學習重點

- 定義「數位足跡」，並解釋數位足跡對網路隱私的影響。
- 分析數位足跡會如何引導他人得出關於自己是誰的結論。
- 思考如何採取策略，管理數位足跡。

跟孩子解釋，我們在網路上的言行，跟與人面對面不一樣，因為數位足跡的觀眾是隱形的——可以在網路上看到並轉貼你的訊息的人，你不一定認識。比方說，有個好久不見的幼兒園同學追蹤你的ＩＧ，然後把一些搞笑的貼文截圖寄給他的表哥看，過了好幾年你長大去上班，發現老闆竟然看過那些你早就刪掉的搞笑貼文，因為他剛好是你幼兒園同學的表哥。這時候你感覺如何？會不會很擔心這些貼文影響老闆對你的印象？

根據美國人力資源網CareerBuilder調查，四成公司在聘用新人之前，會先上網搜尋應聘者的背景資料。請孩子想像一下：假設他是怪獸經紀公司的人事經理，正在尋找一個新的怪獸兒童節目主持人。大腳怪跟大鼻怪都來應徵，而他手上有以下關於這兩個應聘者的資料。請孩子想一想，這些網路資料會不會影響他對大腳怪或大鼻怪的看法？

大腳怪	履歷資料	· 女生。 · 出生於蘋果市，現居怪獸市。 · 喜歡看電視、烹飪。
	網路資料	· 一張濃妝豔抹、頭髮染成五顏六色的IG照片。 · 教大家做菜的烹飪部落格，有許多美食照片。
大鼻怪	履歷資料	· 男生。 · 出生、成長於怪獸市。 · 喜歡唱歌、打球。
	網路資料	· 臉書資料顯示出生於豆豆市。 · 五年前的豆豆市新聞：大學新鮮人大鼻怪因為使用類固醇被豆豆大學球隊開除。

再假設，如果怪獸經紀公司最後僱用了大腳怪當節目主持人，結果被以前的同學爆料說大腳怪根本不會烹飪，那些美食照片都是從網路上下載的。你覺得大腳怪應該被開除嗎？

經過這些討論，相信孩子們已經能體會數位足跡的影響。告訴他們：我們可以採取策略，留下正面的數位足跡。正面的數位足跡應該呈現真實、你覺得自豪、希望被大家看到的一面。

那麼，使用社群媒體會如何影響我們的數位足跡呢？

社群媒體可以是一個我們與人聯繫、學習、分享經驗的地方，但是我們在社群媒體上分享關於自己或他人的內容之前，有經過多少思考呢？我們可以幫助孩子，主動思考自己在社群媒體上留下的數位足跡。

首先，一起來思考使用社群媒體會如何影響我們的數位足跡。聽過「過度分享」這個詞嗎？把太多太私人，且可能在事後令自己後悔的個人情緒或經驗，大量呈現在公眾眼前，就叫做過度分享。分享的動機，通常是為了引

國中生的學習重點

- 明辨使用社群媒體的理由，以及隨之而來的挑戰。
- 反思伴隨著使用社群媒體而來的責任，以及我們該如何對自己也對別人的數位足跡負責。
- 思考如何最大程度的利用社群媒體，同時照顧自己也尊重別人的數位足跡。

起注意，但過度分享未必能得到想要的注意，卻保證有心人士能蒐集到足夠的資訊來傷害你。

仔細想一想，隨時想要在社群媒體上分享自我的衝動，是很嚇人的。尤其在情緒不好、急於想要發洩的時候，更可能釋出在未來對自己不利的訊息。所有訊息，只要一經分享，就永遠無法回收。所有貼文都可能被截圖轉發，甚至在被轉發前以你所不希望的方式重新編輯過。根據《時代雜誌》報導[24]，Snapchat是二〇一六年成長最快速的社群網站，受歡迎的原因是其「訊後即焚」的特色，所有經由該軟體傳送的訊息或圖片，都會在讀取後幾秒內自動銷毀。但是在網路時代，沒有什麼是真正「訊後即焚」的，截圖轉發人人都會，所有說過的話都會對我們造成影響。用戶自以為不留數位足跡，卻不代表在網路虛擬世界恣意妄為就不會造成傷害。

所以，我們需要時時刻刻觀察自己的數位足跡。我們可以跟孩子討論，在社群媒體上分享圖文的好處是什麼？壞處又是什麼？他們希望怎麼樣去管理自己的社群媒體足跡？

在社群媒體上分享自我的好處，可能有：跟他人溝通、跟親友保持聯繫；自我表達、傳達自己對於重要議題的個人意見與想法；自娛娛人、分享自己的興趣並且跟其他有同樣興趣的人交流是很有趣的事；甚至塑造自我形象、在社群媒體上向公眾呈現出來的形象如果正面成功，可能有利將來升學或求職。

---

24 華萊士（C. Wallace）：*Talk to Your Kids About Snapchat*，暫譯〈與孩子討論Snapchat〉。時代雜誌，2016年5月9日。

在社群媒體上過度分享帶來的壞處，則包括：愈習慣過度分享，就愈可能在情緒不佳時分享日後會令自己後悔的內容；不論是多麼令人尷尬或後悔的圖文，只要一經分享，都會變成個人永久數位足跡的一部分，可能會在未來對你造成傷害；親友群當中若過度分享的不良風氣愈興盛，就愈可能有人會貼出你無法控制、傷害你的貼文。

最後，問問孩子：他們將如何對數位足跡負起責任？我們希望自己的社群頻道是一個正面的地方、整個數位社會是一個祥和的地方。這是我們對自己，也是對他人的責任：貼文之前請三思，不要貼出之後可能會感到後悔的內容。在沒有得到許可之前，不應該貼出別人的照片。無論如何，都不應該在社群媒體上發表謠言或仇恨言論。

理解了這些責任，我們便可以進一步保護自己和身邊親友的網路名譽。

在社群媒體貼文上標記朋友，是一個與人聯繫，分享回憶的好方法。但如果你的朋友不想被標記呢？所以，我們要鼓勵孩子去思考，個人的行為可能如何影響他人的數位足跡。

社群媒體時代來臨以後，出現了一個新字，叫做sharenting——這是分享（share）和育兒（parenting）兩個英文字的結合，中文一般翻譯成「曬娃狂」或「曬娃癖」，指在社群媒體上分享揭露過多或敏感資訊的兒童貼文或照片。在社群媒體上分享關於自己孩子的貼文是很多爸爸媽媽都會做的事，這樣做有一些好處；但是，過度分享也會造成不良後果。

國中生的學習重點

- 定義「網路名譽」，並舉例說明社群媒體貼文如何對網路名譽產生正面或負面影響。
- 思考在社群媒體上未經同意貼出關於他人的內容會有什麼後果。
- 條列在貼出關於他人的貼文前需要考慮的問題。

大西洋月刊調查發現[25]，青少年對父母未經同意貼出他們的照片，反應兩極：一半的孩子覺得憤怒、恐慌；另一半的孩子則覺得興奮，覺得自己「很有名」。現在，孩子已經升上國中了，如果我們曾經在社群媒體上分享關於孩子的圖文，請開誠布公的與他討論，他對於個人成長被分享的感受，這是與孩子討論經營網路名譽的第一步。

告訴孩子，他的這些感受不但適用於爸爸媽媽貼孩子的照片，也適用於任何人貼出含有他人影像的照片。每一次他在社群媒體上貼出別人的照片，或是發表貼文然後標記別人，就在幫別人留下非自願的數位足跡。

請孩子想一想，在他被分享的成長足跡中，有哪些是他喜歡的？哪些是他不喜歡的？請把孩子不喜歡的足跡清除，不要討價還價。然後，一起用以下這個情境思考他人的數位足跡：

牙牙怪跟喬喬怪是好朋友。有一天怪獸學校放學以後，喬喬怪在校門口亂塗鴉，把「怪獸學校」改成「人類學校」。牙牙怪拍了一張照片，貼在臉書上，並標記喬喬怪。他們的同學嘿嘿怪按讚並轉發了這張照片。過了幾天，牙牙怪跟喬喬怪被叫到怪獸校長的辦公室。原來校長看到那張照片了，結果喬喬怪被退學，牙牙怪被記大過處分。

現在，問問孩子，他覺得牙牙怪跟喬喬怪受到的處分合理嗎？這起事件可能還有哪些怪獸受到影響？除了這兩隻搗蛋的怪獸，他們的家人、嘿嘿怪或其他怪獸同學會不會受影響？你覺得這幾位當事怪獸現在的心情怎麼樣？為什麼？從不同角色的立場思考，接下來你會如何反應？

從這個例子中可以看出，我們在社群媒體上分享關於他人的貼文，可能會對他人造成嚴重影響。以下是在分享有關他人的貼文之前，可以先考慮的問題：

- 我在什麼平臺上分享了什麼內容？
- 誰會看到我分享的內容？
- 這個內容會傷害到他人嗎？
- 我有獲得貼文中當事人的允許嗎？

---

25 洛倫茲（T. Lorenz）：*Are Parents Exploiting Their Kids on Social Media?*，暫譯〈家長在社群媒體上剝削孩子嗎？〉。大西洋月刊，2019年5月21日。

- 我有獲得被標記人的允許嗎？
- 雖然我覺得這個貼文不會傷害到他人，但我的朋友會不會有不同想法？
- 我了解被標記的朋友有什麼感受嗎？
- 如果別人貼出關於我的類似貼文，我感覺如何？
- 這則貼文會對我自己、以及貼文中的當事人有什麼影響？
- 這則貼文會如何影響我自己、以及貼文中當事人的網路名譽？
- 這則貼文會不會冒犯到網路社區裡的其他人？

家有高中生

設定你的形象，掌握你的未來

高中生的學習重點

- 描述經由「策展」所呈現的數位形象，可能是真實的、也可能是不實的自我。
- 分析毫不保留呈現真實自我的好處與壞處。
- 練習創造兩個不同形象：一個是真實的我，一個是經過「策展」的我。

我們可以如何設定自己的數位形象，真實呈現自己最好的一面？

社群媒體給我們機會去選擇如何向世界呈現自己。我們可以隨意自拍分享，也可以細心擺拍，並選擇自認最好的照片來分享。引導孩子思考這些選擇，他們可以經由這個過程更了解自己、也更清楚自己想要塑造出怎麼樣的自我形象。

社群媒體上的你是誰？是你自己嗎？為什麼多數人只會呈現出某一部分的自己？

每個人使用社群媒體的目的不同、選擇在社群媒體上呈現自我的方式也不同。有些人很重視「讚」和別人的評論，因此會發表他們認為能夠得到讚或者正面評論的內容。有些人貼文是為了保存記憶，所以會發表自己喜歡的照片。有些人在記錄生活的同時，也希望別人會喜歡自己發表的內容，所以會挑選自己喜歡、別人也感興趣的內容來發表。

也許只有少數人會特意去發表引人注意的內容，但不可否認，生活在社會上的每一個人都有社交壓力，因此多數人或多或少都會篩選自己發表的圖文，避開不宜的內容。每個人都有很多個身分，例如在家是爸爸媽媽的孩子、或許是兄弟姊妹的手足，在學校是學生、某個社團的幹部或校隊的隊員，在校外你可能也有根據興趣而參加的活動……那麼在社群媒體上，你想呈現出自己的哪一面，或者哪幾面呢？這都是需要思考的問題。

還有一種常見的現象，我們在前面討論過：有些人有數個社群媒體帳號，這些人經常花很多時間、小心的經營自己主要帳號上的內容，因為這個帳號上的貼文會被不特定的隱形觀眾看見，他們不想要這些內容在未來對自己造成負面影響。另一方面，他們會另外開個匿名「小號」，無所顧忌的盡情發文。

當一個人設定了在社群媒體上呈現自己的方式、確定了自己的形象，關注其社群媒體的人就會期待他以某種特定的方式展現自己，因此在建立起特定的數位形象之後，就要更用心來維持。

我們可以跟孩子一起探索上述現象，然後問問他們：你希望如何設定自己的數位媒體形象呢？孩子們可能會提出各種不同的想法，例如：

- 只貼出特定類型的照片。
- 只發表跟自己的興趣或參加的社團活動有關的圖文。
- 針對特定閱聽人（例如校隊的夥伴、一群特定的朋友……等）來發表內容。

這些想法沒有對錯，只要有想法都是好事。如果孩子一時想不出來，爸爸媽媽可以提出一些想法，問問孩子贊不贊成，藉此來引導他們思考。以下是一些例子：

- 我是一個高中生，很快就要申請大學了。因此我要在社群媒體上建立一個品學兼優的好學生形象，以免影響大學申請。
- 我只想在社群媒體上呈現自己快樂的一面。
- 我想在社群媒體上把自己塑造成我希望成為的那種人。

在思考這些問題的時候，我們還可以想一想：誰在關注我的數位足跡呢？我的數位形象會如何影響我未來的機會呢？

提醒孩子：我們的數位足跡對個人未來可能會產生重大影響。這聽起來很嚇人，因為我們有時候並不能完全掌握自己的數位足跡。但我們可以告訴孩子：經營數位足跡是一個機會，我們可以呈現自己好的一面，通向成功的未來。

高中生的學習重點

- 知道數位足跡就是自己在網路上的公開形象。
- 分辨自己在網路上留下的每一個足跡對未來的機會（申請大學或工作等）是加分還是減分。
- 了解正面的數位足跡如何幫助我們取得機會。

問問孩子，他們曾經「Google」過自己嗎？讓他們試試看，然後解釋數位足跡的幾個特性：數位足跡會不斷成長、它不是你能完全控制的、而且是永久的。它發生在網路上，但會影響到你的現實生活：二〇一七年，美國哈佛大學因為十名新生在網路聊天室裡的不當發言，撤銷了他們的入學許可[26]，就是一個著名的例子。

向孩子解釋，雖然這是一個負面影響的實例，但數位足跡也可以幫助我們，讓我們有機會進入心儀的學校或公司。雖然不是所有的數位足跡都為我們所掌控，我們仍然可

26 早安美國（Good Morning America）：*Harvard withdraws acceptances over social media messages*，暫譯〈哈佛因社群媒體爭議取消新生入學許可〉。美國廣播公司新聞網，2017年6月6日。

以採取手段讓自己的數位足跡成為助力而非阻力。

例如，經營個人品牌就是一個常見的手段，可以透過社群媒體、個人網站、廣告或其他非數位工具，來推銷自己[27]。在這方面做得很成功的人，被稱為「影響家」。在雪城大學教多媒體敘事的高橋（Corey Takahashi）教授觀察發現，過去選修這門課的學生，多半是想成為作家或導演；但最近幾年，愈來愈多學生以成為「社群媒體影響家」為目標。他認為，現在的年輕人都想發揮影響力，這是好事，擁有個人品牌也有助求職。他也提醒，經營個人品牌要以實力為基石，不能只靠包裝。

從上面的例子，我們可以看出，數位足跡對於我們的網路名聲是一把雙面刃，可載舟亦可覆舟。高中生就算還不會策展自己的形象，至少要學會不要發表明顯有害自己形象的貼文。

例如，高中生賈茲林（Jazlyn Moses）就在《真正的聯繫》一書中寫道[28]：她的表姊十七歲時曾經在ＩＧ上貼了一張自己飲酒的照片。數年後，當她大學畢業申請獄警工作時，郡監獄對她做了一個簡單的背景調查，發現了這張照片，而美國合法飲酒的年紀是二十一歲。結果她不但沒有得到這份工作，還被處以一百五十美元罰鍰，留下未成年飲酒的前科紀錄。

從哈佛大學新生入學資格被取消、到社會新鮮人求職不成反被罰這兩個例子出發，邀請孩子想一想，他絕對不希望自己的數位足跡裡留下哪些紀錄？

經由掌握自己的數位足跡、根據需要來呈現自己，我們可以讓自己所希望的改變發生。

研究顯示，生活中的快樂不在於我們做什麼，而在於我們怎麼做[29]。當你的行動有目的，就會產生正面的結果——對你自己是，對世界也是。在高中生

---

27 高橋（C. Takahashi）：*Using Social Media, Students Aspire to Become "Influencers"*，暫譯〈使用社群媒體，學生可望成為「影響家」〉。美國國家廣播電臺，2017年1月7日。

28 摩西（J. Moses）：*Hunting Picture*，暫譯〈揮之不去的影像〉。《真正的聯繫》，常識媒體，2019年。

29 哈登（J. Haden）：*Want to be Happier? Science Says Do These*，暫譯〈想要更快樂？科學說這麼做〉。Inc雜誌，2016年6月16日。

高中生的學習重點

- 解釋找到目標的意義以及這樣做的好處。
- 了解人們運用數位足跡來對世界做出正面影響的各種方法，以及考慮自己是否也可採取類似做法。
- 反思個人目標，包括想解決的問題以及想怎麼解決這個問題。

即將成年之前，引導他們使用網路的力量，將個人的熱誠轉化為正面的影響力。

現在孩子們應該已經對「數位足跡」這個名詞很熟悉了，就是一個人曾經在網路上貼出的所有關於自己或他人的資訊；這些資訊多半都是我們說過的話或做過的事，就好像過去的一個紀錄。問問孩子，他覺得這個紀錄有沒有呈現出他「最好的自我」？什麼是「最好的自我」？他「最好的自我」包含哪些部分？告訴他，「最好的自我」也代表想要做出正面改變的自我，包括在這個世界上最在乎的事和想達成的目標。你的目標不是你做了什麼，而是你為什麼這樣做。找到自己的目標，可以幫助你找到人生的方向，包括要進哪一所大學、要從事什麼工作。

善用數位足跡，我們可以把目標轉化為正面影響力。紐約十四歲少女瑪莉（Marley Dias）用推特推廣以黑人女性為主角的童書，鼓勵黑人女孩閱讀[30]；佛羅里達斯通曼道格拉斯高中生（Stoneman Douglas High School）用主題標籤在社群媒體上組織、發起大規模反槍枝運動[31]；美國十六歲少女杰米（Jamie Margolin）從自製氣候觀察網站開始，後來成立氣候觀察組織Zero Hours[32]，都是善用數位足跡達成目標的實例。

善用數位足跡不一定要是成立組織、發起運動這樣的「大事」。二〇一四

---

30 Hot 97 廣播電臺：*Game Changers: Marley Dias and the #1000BlackGirlBooks*，暫譯〈改變遊戲規則的人：瑪莉・迪亞茲與一千本黑女孩書〉。YouTube，2019 年 2 月 26 日。

31 跟著阿里・梅爾博掌握新聞脈動（The Beat With Ari Melber）：*How Social Media Is Propelling the Anti-gun Violence Movement*，暫譯〈社群媒體推動反槍運動〉。MSNBC，2018 年 3 月 24 日。

32 我們沒時間（We Don't Have Time）：*We're not okay with it. We'll fight back*，暫譯〈我們不同意，我們要反抗〉。Mdeium.com，2018 年 6 月 28 日。

年，華盛頓州高中生康納（Konner Sauve）註冊了一個匿名ＩＧ帳號「@thebenevolentone3」，專門到在學校被霸凌、被嘲笑、被忽視的同學的ＩＧ頁面正向留言，很多學生因為受到這個匿名帳號鼓勵，覺得又有了希望。第二年，康納被選為東谷高中（East Valley High School）畢業生致詞代表，致詞時康納揭露了自己的真實身分，並呼籲同學「友善待人」[33]。

跟孩子討論這幾個例子，請他想一想，這些青少年怎麼利用數位足跡達成目的？你覺得這樣做好不好？你會想做類似的事情嗎？為什麼？

要回答這些問題，孩子也許要先思考自己的目標；先有目標，才能把目標轉變為正向影響力。目標不必巨大，可以是生活周遭在社區裡看到的小事。有了目標，再來思考：要怎麼善用數位足跡來對世界做出正面影響？

這個問題看起來很大，但是我們可以分段思考。邀請孩子試著回答這三個問題：

1. 在學校、或社區、或周遭的世界裡，你關心什麼問題？最想解決什麼問題？

2. 哪些人、團體或事件對你影響最大？為什麼？他們可以怎麼成為你的榜樣？

3. 你最喜歡生活中哪些活動或經驗？它們如何啟發你？

這就是考慮要如何用社群媒體展現最好的自己、用數位足跡做出正面影響的第一步。接下來，孩子們可以此為基礎，圍繞自己的目標進行思考、使用社群媒體與志同道合的人產生聯繫、用網路或應用程式展開行動。

---

33 凱迪（C. Keady）：*Valedictorian Anonymously Posted Kind Words About Classmates On Instagram For Nearly A Year*，暫譯〈致詞代表匿名在同學ＩＧ頁面上正向留言近一年〉。赫芬頓郵報，2015年6月15日。

杰米發起的氣候觀察組織
Zero Hours（見頁 155）

CHAPTER 4

網路上的人際關係與線上溝通

家有小學低年級生

你的網路社區裡有誰？

每一個有上網的人，都是網路社區裡的一分子。網路時代來臨以後，幾乎全世界的人都可以被網路聯繫在一起！所以從小就要學習在網路社群裡的權利與責任。當孩子學會讀與寫，就有能力與他人在網路上聯繫。從孩子升上小學，我們就可以開始幫助他們了解網路如何聯繫每一個人，並思考我們應該如何與人互動——不論是面對面，還是隔著螢幕。

先問問孩子：什麼是網際網路？你會怎麼向你的弟弟妹妹或朋友說明？然後再解釋：網際網路是一個全球性的網絡，透過電腦或其他裝置把人們聯繫起來。鼓勵孩子想想看：網際網路算不算是一個「地方」呢？網際網路如何讓人們產生連結？

小學低年級生的學習重點

- 比較並分析自己如何在不同地方遇見不同的人，包括在現實生活中和在網路世界裡。
- 了解人們如何在網路上互動。

告訴孩子：世界上有很多人，有些人你認識，有些人你不認識。網路也跟地球一樣，只不過在網路世界裡人們聯絡的方式有點不一樣。今天我們要來討論網路上各種各樣的人，以及我們可能會怎麼接觸到他們，並學習我們在網路世界裡的「責任圈」。

責任圈的中心是「自己」，往外第一圈是「社區」。在這個圈子裡有我們的家人、鄰居、學校……，同一個社區裡的人可能住在同一個地方、擁有相似的背景或相同的興趣。鼓勵孩子把這個責任圈裡的人寫下來，先從他們認識、經常互動的人開始，包括家人、朋友、朋友的家人……孩子很快便會發現，這個名單一下子就變得很長，而且似乎還可以永無止盡的繼續寫下去。告訴他們，這些人都在我們的責任圈裡，而且隨著你長大，責任範圍也會愈來愈大。

責任圈的第三圈，就是「世界」。世界上的人你不一定都認識，但是你的所作所為也會影響到他們，所以他們也在你的責任範圍內。利用別冊第五篇的示意圖，幫助孩子思考並了解「社區」與「世界」的意義。然後請他想一想：你如何在網路上與人相處？也許是一起玩網路遊戲、也許是互傳訊息、也許你讀了他們發表在社群媒體上的內容？

再請他們想一想：與「社區」裡的人互動，跟與「世界」上的人互動，有什麼不一樣？強調社區裡的人是你有直接溝通跟互動的人。世界上的人則是你不會直接與他們溝通，但是可以在網路上讀到、看到關於他們的事情，你的行為也會影響到他們。這時候，可以再一次提醒孩子：為了保護自己的隱私與安全，只能跟自己認識的人直接交流喔！

經過以上的討論，孩子應該已經了解，我們在現實生活中與在網路世界裡跟人產生聯繫的方式。網路上的人也是真實的人，有些是我們社區裡的人，有些是世界上其他角落的人，應該使用不同方式跟「社區裡的人」和「世界上的人」互動。

家有小學中年級生

讓線上遊戲好玩又友善

小學中年級生的學習重點

- 定義什麼是實體社群、什麼是網路社群。
- 解釋適當的規範如何幫助社群裡的人達成他們的目標。
- 制定在網路社區裡的共同規範，並且宣誓遵守。

網路是一個社群，社群的祥和有賴當中每個人來共同維持。同時身為多個社群的成員，是兒童身心發展過程中重要的一部分；我們可以示範給孩子看，如何讓身處的實體社區和網路社群都成為一個更健康的地方，並一起制定和遵守在網路上的遊戲規則。

一個強大的社群具備哪些組成條件？問問孩子，他會怎麼描述你們家社區裡的人？鄰居們彼此認識嗎？

告訴孩子，我們所居住的社區，就是一個「社群」，也就是一群享有共同利益或共同目標的人。另一個他們所屬的社群就是「班級」，同一個班級裡的同學也都有一些共同點（同年紀、同年級）和共同的目標（學習）。

想像一下：有兩個班級，第一個班級在上課的時候只有一兩個小朋友認真聽講，其他小朋友都在做自己的事。第二個班級在上課的時候所有小朋友都在聽講，並且舉手提出問題或回答問題。你覺得哪一個班級的小朋友更能幫助彼此達到共同目標？

這兩個班級最大的不同，是第二個班級有「規範」，也就是大家都同意的行為模式。再問問孩子：在教室裡還要遵守哪些規範？

每一個社群都需要規範。告訴孩子，規範對網路社群也很重要。各種不同類型的網路社群，依據各自的宗旨，社群成員可能也有不同的規範需要遵守。附表有三個例子，問問孩子，這些規範如何幫助社群中的成員達成目標？

社群類型	社群規範	社群目標
影音網站（例如：YouTube）	不可以發表內容不當的影音。	分享並觀賞好的影片來娛樂或學習。
線上遊戲（例如：Minecraft）	遵守遊戲規則，不可以作弊。	讓大家玩得開心。
電子聯絡簿（例如：IAmSchool）	不可以發表中傷別人的留言。	大家一起學習。

知道如何遵守網路社群的規範很重要，因為懂得遵守相關規範、用負責任的態度使用網路科技的人，才是一個成功的數位公民。遵守規範意味著每個人都可以得到上網的好處——像是觀賞好看的影片、玩好玩的遊戲——而不會被不尊重他人的成員打擾。想想看，網路社區裡應該有哪些規範？以下是幾個例子，跟孩子討論看看他們是否同意，藉此制定出自家的上網規範！

分享圖文時，應該……

- 張貼有趣、讓人感覺良好的內容。
- 張貼對別人有幫助的內容。

回覆別人的留言時，應該……

- 先仔細閱讀別人的留言。
- 尊重別人，就算不同意對方的言論也要保持禮貌。

跟別人合作時，應該……

- 給夥伴有用的反饋。
- 有需要時就尋求幫助。
- 對別人的意見保持開放的態度。

玩線上遊戲時，應該……

- 遵守遊戲規則。
- 公平競爭。

談到線上遊戲，最近有很多關於小學生該不該玩線上遊戲的辯論。我認為，線上遊戲當然可以玩，但是要用正面的態度、正面的方法去玩，同時要發揮運動家精神，讓其他玩家也都能好好享受玩遊戲的過程。這個目標，可以透過家長們引導孩子來達成。

線上遊戲受歡迎、尤其受孩子歡迎的主要原因，就是在遊戲中與人交談或傳訊來建立友誼的社交互動。當然，在網上與不認識的人交流伴隨風險，但我們可以教孩子有方法的玩，讓線上遊戲有趣、健康又正面。

以下是一個假設的情境，家長可以用來跟孩子進行討論：

小學中年級生的學習重點

- 定義「社交互動」並舉例說明。
- 描述線上遊戲中正面及負面的社交互動。
- 設計一組電玩規定供自己遵守，促進正面的社交互動。

有一天，小紅怪跟小綠怪約好放學回家一起打線上遊戲。小紅怪先上線，被關在一個石室裡，一直沒辦法破關。小綠怪過了一會兒才上線，原來是因為今天的數學作業很難，而他得先做完作業才能上線玩遊戲。

小綠怪上線以後，他們發現這個關卡的設計是要兩個玩家一起猛擊一面牆，於是他們合作破關了。來到下一關，他們碰到小橘怪。小橘怪一直故意攻擊其他玩家，還故意擋住別人的前進路線，小綠怪很生氣，就把小橘怪封鎖了。

又來到下一關，有一個叫做「斬鬼隊長」的玩家向他們發送訊息，說他知道怎麼破關，如果小綠怪和小紅怪告訴他自己幾歲、讀哪個學校，就把破關方法告訴他們。但是小紅怪和小綠怪並不認識這個「斬鬼隊長」，小紅怪覺得在網路上把個人隱私資料給不認識的人可能會有危險，所以他們禮貌的拒絕了斬鬼隊長，向他說謝謝但決定靠自己破關。

利用以上情境，家長可以跟孩子討論線上遊戲中社交互動的實例：小紅怪跟小綠怪互相幫助破關、小橘怪故意激怒其他玩家並阻擋其他玩家前進……這些都是線上社交互動。其中小橘怪的行為，就叫做「grief」，這個字中文一般翻譯成「惡意破壞」。在線上遊戲中故意作弊、干擾其他玩家或發表苛薄言論激怒他人，從事惡意破壞的玩家叫做「griefer」，也有人把這些專門搞惡意破壞的玩家叫做「小屁孩」。

問問孩子，在線上遊戲中，玩家如何互相交談？談些什麼？有時候，玩家會互相交談，合作破關。有些玩家會故意發表苛薄言論，激怒他人。有時候，我們會遇到不認識的玩家匿名向我們發送訊息。請孩子想一想，他們覺得在線上遊戲中跟人互動有趣嗎？要怎麼樣與人有正向互動？

最後，根據以上討論的結果，跟孩子一起訂定一組規定，約定在玩線上遊戲的時候都要遵守，以促進玩線上遊戲的正面經驗，例如：

- 不可以惡意搗蛋或者使用髒話、苛薄的語言激怒其他玩家。
- 友善對待每一個玩家。
- 不要向不認識的玩家透露自己的隱私資訊。

讓孩子主導制定過程，可以提高他們遵守這些規定的意願！

家有小學高年級生

安全的網路交友與線上聊天

在網路上交朋友安全嗎？

多數孩子喜歡交朋友，到處交朋友——包括在網路上。但是在網路上跟在現實生活中交的朋友一樣嗎？孩子們可以安全的在網路上交朋友嗎？也許可行，前提是我們要指導他們了解網路友誼的益處與風險。

要了解網路友誼，先弄清楚我們在網路上結交的朋友是誰。問問孩子：你曾經在網路上跟人聊天嗎？跟誰聊？是你在現實生活中認識的人嗎？

然後進入正題，跟孩子討論網路交友的益處與風險。問問他們：什麼是益處？什麼是風險？

跟孩子一起讀讀以下兩個情境：

情境一：小怪獸嘻嘻是「怪獸國中」的學生，她有點害羞但是喜歡交朋友。怪獸國中的公民課讓學生跟在精靈國的姊妹校「精靈國中」的學生網路聊天，上課時，老師安排嘻嘻跟小精靈卡卡網路一組。一開始，嘻嘻很緊張，但是她很快就發現，卡卡很友善，而且跟她有很多共同點，例如她們都喜歡用ＩＧ。卡卡告訴嘻嘻自己的ＩＧ帳號，並提議兩人互相追蹤對方。

小學高年級生的學習重點

- 比較不同性質的網路交友。
- 分析網路交友的益處與潛在風險。
- 描述當網友提出令自己不舒服的要求時，要如何恰當回應。

情境二：嘻嘻收到網友「CJcool29」的簡訊。嘻嘻不知道CJcool29的真實姓名跟年紀，但他們已經在網路上交往好幾個月了：一開始，CJcool29在嘻嘻的ＩＧ貼文下面留言，說她的寵物很可愛，然後他們就開始彼此交換寵物照片。最近他們常常在網路上聊天，今天CJcool29問嘻嘻住在哪裡，說他想要跟嘻嘻見面。

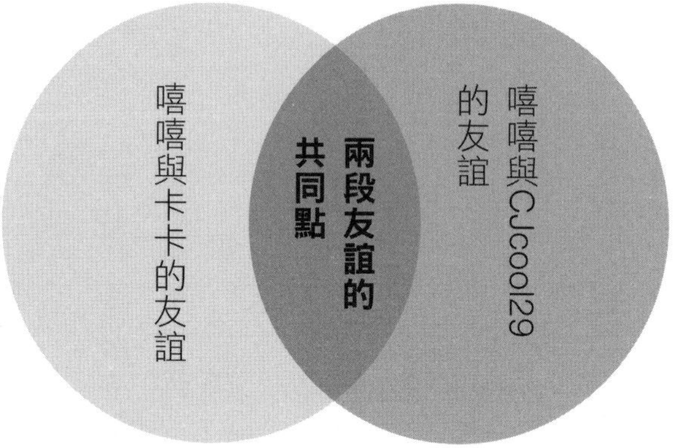

嘻嘻不敢回覆CJcool29，她覺得有點不安。

我們可以用文氏圖引導孩子比較上述兩個情境。在這兩個情境裡，小怪獸嘻嘻遇到了什麼情況？她的心情有什麼變化？

跟孩子討論：小怪獸嘻嘻從這兩段友誼裡得到了什麼益處？又遇到什麼風險？例如：

- 認識其他國家的小朋友、學習其他國家的事情。（跟卡卡的友誼）——**益處**
- 跟朋友聊天、分享共同的興趣。（跟卡卡和CJcool29的友誼）——**益處**
- 跟從來沒有見過面的人在網路上交往，你可能不知道他們自稱的身分是不是真的。（跟CJcool29的友誼）——**風險**

提醒孩子，嘻嘻不知道CJcool29的真實身分，所以她在跟CJcool29聊天時要小心避免洩露自己的隱私資訊。問問孩子，當網友提出讓你覺得不舒服的要求時，要怎麼回應？如果孩子答不出來，可以給他們幾個選項想一想：

- 以禮貌的態度解釋這是個人選擇：「不好意思，我不習慣在網路上向網友透露自己的隱私。」
- 改變話題：「哇，今天好像要下雨了。你們那裡天氣好嗎？」
- 掌握話題主導權：「我住在哪裡並不重要，因為我覺得我們現在並不適合見面。」

最後，跟孩子一起幫小怪獸嘻嘻的兩個網路交友情境畫上句點。問問孩子：如果你是嘻嘻，你會怎麼回應卡卡呢？你會給卡卡自己的ＩＧ帳號嗎？你又會怎麼回應CJcool29呢？你會答應見面嗎？

做完這個練習以後，我們可以進一步跟孩子討論如何安全的網路聊天。網路遊戲、社群媒體、還有許多其他的線上空間，都讓孩子有機會「遇見」並跟現實生活中不認識的人交流。但是孩子們有沒有意識到自己正在聊天的對象，可能跟自己想像中的那個人不一樣？當孩子升上高年級，我們不再需要管制他們在線上跟陌生人聊天，但要幫助他們考慮自己正在聊天的對象究竟是「誰」，以及哪些資訊可以在線上與人分享。

小學高年級生的學習重點

- 分析自己對網友了解的程度。
- 依據不同的互動對象，判斷哪些資訊可以與對方分享，沒有安全疑慮。
- 學習傾聽自己的感受，辨認危險的警訊，以及如何恰當回應對方、安全脫身。

網路交友當然有其益處，暢銷書作家蘇珊．坎恩（Susan Cain）指出，社群媒體近年來很風行，對內向小孩而言是利大於弊。很多在課堂上不太發表意見的小孩，都可以很好的利用社群媒體發聲[34]。所以我們不用完全禁止孩子用網路交朋友，但要指導他們怎麼安全的線上交友。

首先請孩子想一想：他們知道自己在網路上聊天的對象是誰嗎？

告訴孩子，在網路上結交的朋友，也就是網友，不一定是他們自稱的那個人。他們可能會捏造一兩件小事讓自己看起來更有趣，也可能完全虛構自己的身分，他們寄給你的自拍照甚至可能不是本人的照片。我們當然可以在網路上跟人交朋友，但是在不能完全確定對方是「誰」以前，跟網友互動時要非常、非常小心。可以跟他們聊天，但不要透露關於自己的隱私資訊。

還有一件難以啟齒、但家長一定要提醒孩子的事：在你不確定對方的真實身分以前，不要對這段友誼投入太多感情。結交的網友當中，可能有超過一半都是真誠的好人，但當中只要有一個人不懷好意，就可能使你陷入危險。

然後跟孩子討論，在網路上跟在現實生活中不認識的人聊天，有什麼益處或風險？

好處可能包括：在網路社區裡，你可以找到更多擁有相同興趣的人。例

34 坎恩（S. Cain）：《安靜，就是力量：內向者如何發揮積極的力量！（*Quiet: The Power of Introverts in a World That Can't Stop Talking*）》。麻州丹弗斯：皇冠出版。中文版由遠流出版。

如你很喜歡一部冷門漫畫，班上的同學都不看，但你絕對可以在網路上找到一樣喜歡這部冷門漫畫的同好。如果你很害羞，在網路上與人交流可能比面對面與人聊天更容易；如果你經歷了一個創傷事件，在網路上跟人傾訴也可能比面對面說出自己的傷痛更容易。

風險則可能有：你不完全知道是誰在跟你聊天，因此不能完全信任他們。更糟的是，你無從知道對方是否有惡意或不好的企圖。

請孩子仔細思考這些好處與風險，藉此想好自己的網路交友對策。最後，跟孩子約法三章：哪些資訊可以在網路上跟不認識的網友分享，哪些不行。一起列出清單，彼此約定，共同遵守。提醒孩子：當網友的發言讓你覺得不舒服時，隨時可以離線。

家有國中生

社群媒體、「性簡訊」與人際關係

國中生的學習重點

- 認識社群媒體在生活中扮演的角色。
- 反思社群媒體對人際關係產生的正面及負面影響。
- 辨認社群媒體上的警訊，以及如何應對。

社群媒體如何影響我們的人際關係？

這是國中生可以思考的問題。對多數國中生來說，使用社群媒體可能是為了跟朋友聯繫、分享照片、不漏接學校的八卦資訊。但有時候社群媒體也會使我們分心、受到壓力、反而影響我們在現實生活中與人互動。我們可以輔導孩子釐清使用社群媒體時產生的各種感受，享受社群媒體帶來的好處，進而降低其負面影響。

首先一起探索社群媒體怎麼樣影響我們的人際關係。如果孩子已經在用社群媒體，問問他們喜歡社群媒體嗎？為什麼喜歡，或者不喜歡？如果他們還沒開始使用，問問他們想不想用社群媒體？為什麼想用，又為什麼不想用？我們也可以跟孩子分享自己為什麼喜歡（或不喜歡）社群媒體：例如可以跟朋友保持聯繫而覺得很開心、或者看到別人的生活都很美好，自己的生活卻一團亂，而覺得有壓力。

自從智慧型手機發明以來，許多人際交往都被隔著螢幕的簡訊或社群媒體上的溝通所取代。我曾經聽過一個說法：現在的青少年比過去更容易感到社交焦慮，因為校園八卦一直都存在，但過去的青少年每天只需要與這些流言蜚語共存八小時，而有了社群媒體以後，青少年一天二十四小時都被迫毫不鬆懈的與這些蜚短流長對抗，就算放學以後這些流言仍然在社群媒體上持續不斷發酵。有些孩子並不喜歡社群媒體，但因為害怕被同儕排除在外，也強迫自己使用大家都在使用的社群媒體。一群人同桌吃飯但每個人都盯著自己手機的畫面，不但出現在辦公室的茶水間，也出現在校園裡。社群媒體無疑已經對我們的人際互動產生影響。

我們可以從這裡出發，問問孩子為什麼使用、或者為什麼想要使用社群媒體。他們可能想在放學後繼續跟朋友聊天，可能想隨時跟朋友分享照片和心情，可能想分享自己正在做的令人興奮的事情，可能想隨時關注校園八卦，可能想更方便的跟校外朋友保持聯繫。

當孩子說出自己想要使用社群媒體的理由，先肯定他們的想法、表示社群媒體的確有很多好處，再提醒他們想一想：社群媒體是否可能、或者已經對他們產生一些負面影響。稍一思考，相信國中年紀的孩子都可以指出社群媒體可能令人分心（例如需要做功課的時候，手機卻響個不停），可能讓人有需要時時刻刻去查看留言的壓力，可能讓人覺得自己的生活不如班上的風雲人物一樣精彩，而覺得沮喪。

最後，告訴孩子：我們可以享受社群媒體帶來的好處，同時避免其可能產生的負面影響。怎麼做？親子一起討論，制定屬於自己的社群媒體使用指南，例如做功課時手機必須關機、每天規劃出固定的時間檢視留言而不要整天掛在社群媒體上。

家長可以依據家庭生活的需要，制定適合的社群媒體使用指南。但我想提醒所有的爸爸媽媽，請一定要花點時間跟孩子討論「性簡訊」。

什麼是性簡訊？傳送或接收性簡訊的風險或後果是什麼？

青少年對於自己逐漸成熟的身體與性徵產生好奇，很正常。交往男女朋友，也很正常。但是在數位空間裡探索「性」的風險很大，我們要幫家裡的青少年做好準備，就從討論「性簡訊」及教育他們如何應對相關狀況開始。

西北大學調查指出[35]，三分之二的青少女曾經以簡訊傳送自拍裸照給交往對象或網友，這就是性簡訊。為了避免輕忽個人隱私可能造成的危害，就算你覺得性簡訊話題令人糾結，也請一定要跟孩子談。直接開誠布公的說：「今天爸爸／媽媽要跟你談談關於性簡訊可能造成的後果。」

國中生的學習重點

- 衡量在親密關係裡傳送私密照的好處與風險。
- 指出傳送或接收性簡訊的潛在後果。
- 傾聽自己的感受，在收到性簡訊或被要求傳送性簡訊時恰當應對。

問問他們知不知道什麼是性簡訊？如果不知道，告訴他們性簡訊就是用手機或電腦分享私密的照片或影音，例如裸露的照片。問問他們，為什麼有人會傳送自己的裸照給別人？告訴他們，調查顯示女孩傳送性簡訊的比例比男孩更高。請他們想一想，為什麼會這樣？

兒少心理學家、《少女心事解碼》作者達摩爾（Lisa Damour）指出[36]，青少年之間寄送裸照的風潮，是建立在兩性場域裡，男孩

35 托馬斯（S. Thomas）：*"What Should I Do?" Young Women's Reported Dilemmas with Nude Photographs*，暫譯〈我該怎麼辦？青少女面臨的裸照難題〉。西北大學，2017年12月6日。

36 早間秀（This Morning）：*How to change teen sexting culture*，暫譯《如何改變青少年性簡訊風潮》。哥倫比亞廣播公司，2018年1月2日。

扮演「追」，而女孩扮演「跑」的角色基礎上。許多女孩面臨交往對象要求她們寄送裸照的壓力。教育基金會常識媒體就性簡訊話題訪談[37]的青少女當中，有女孩表示自己發送裸照是希望得到交往對象稱讚「妳很漂亮」。

受到性簡訊相關壓力的不只有女孩。男孩們如果看到同儕都收到女友寄來的裸露照片也會感到有壓力，而要求自己的女友寄送裸照。青少男在要求女友這麼做的時候，很少會替女孩們考慮到這些照片可能造成的後果。

所以，我們要教育孩子替自己考慮，也尊重交往對象。請他們想想看，傳送性簡訊的原因是什麼？答案可能包括：讓交往對象喜歡自己、炫耀自己的身材樣貌、受到同儕壓力、或是追求刺激。

再請他們想想看，傳送或接收性簡訊的風險有哪些？答案可能包括：私密照可能被輾轉傳給你不希望看到的人，像是父母師長、交往對象以外的學校同學，甚至你不認識的人。你與交往對象的親密關係可能生變，但是你曾經傳送給他的私密照卻不會消失，當感情不再，你很可能會後悔自己曾經傳送過這些照片。二〇一七年臺灣花蓮一名國中女生與高中男友分手後，遭前男友惡意散布裸照，羞憤不堪，自殺未遂，輿論喧騰一時[38]。這種校園恐怖故事，我們都聽過一兩個。

最後請孩子思考：傳送性簡訊的好處值得其風險嗎？提醒他們：任何如果外傳就會讓你感覺尷尬、羞恥的照片，就是不適合分享的照片。

性簡訊以外，我們還需要跟孩子討論如何分辨網路聊天室裡的「警訊」。如何知道這一段網路友誼帶有危險？從聊天內容就可以看出端倪。

網路上的對話，與面對面的對話不一樣——少了表情與肢體語言的對話，有時候很奇怪，有可能很危險。從單純的誤會，到蓄意的誤導，甚至不當的

---

37 常識媒體（Common Sense Media）：*Teens Voice: Sexting, Relationships, and Risks*，暫譯《青少年的聲音：性簡訊、親密關係與風險》。影片：https://www.commonsense.org/education/videos/teen-voices-sexting-relationships-and-risks

38 王峻祺：〈少女遭前男友散布裸照一度想輕生〉。自由時報，2017年5月22日。

訊息，這些風險可大可小，我們都可以指導孩子去應對。

最近有一個新的英文單字叫做grooming，中文有人翻成兒童性誘騙，或網路性誘騙，指網路惡狼在網路上假裝成青少年、誘騙青少年與其交往，而達成性剝削或性侵害青少年的目的。這種犯罪很多都是從網路聊天開始的。

我們不希望孩子成為受害者，所以要教他們分辨危險的網路對話。提醒他們：許多人在網路上呈現的形象，跟真實的自己有點不一樣。有些人在現實生活中很害羞，但是在網路上很活潑。有些人在現實生活中很嚴肅，但是在網路上比較放鬆。這些小差異無傷大雅，但有一種情況，是有人蓄意假裝成另一個人來騙你，這時候就危險了。所幸，這些騙局都有些「警訊」，可以讓我們發現不對勁。

國中生的學習重點

- 分辨哪些訊息可能是警訊。
- 傾聽自己的感受，在出現警訊時恰當應對。

跟孩子分享這則YouTube上的影音（*Movistar: Love Story*），請他們說說感想：https://youtu.be/lT0Wao7fnyo。

然後向孩子說明，「警訊」不一定涉及霸凌或侮辱。以下幾個例子，都可以視為警訊：

- 對方向你提出奇怪的要求，像是要你傳送私密照、要求你保密兩人的關係。
- 你發現對方謊報年齡或身分背景。
- 對方用友誼勒索你，說些類似「如果你真的喜歡我，你就應該……」的話。

告訴孩子，當現警訊出現時，一定要慢下來、暫停一下，問問自己對這個情況感覺如何？然後思考自己可以如何應對？

用這個情境來讓孩子練習：

小雪怪剛升上國中，一切都很不習慣。她開始跟參加夏令營時認識的大學生輔導員大泥怪傳簡訊，大泥怪便常常在小雪怪心情不好時安慰她。有一天他們在簡訊聊天時，大泥怪說小雪怪很漂亮，很想念小雪怪在夏令營時穿泳裝的樣子，請小雪怪傳幾張泳裝照給他。小雪怪非常高興大泥怪誇獎自己漂亮，可是又覺得傳泳裝照不太好。

如果你是小雪怪，你會怎麼辦？

我們還可以加入更多狀況，幫助孩子進一步思考：

- 如果小雪怪改變話題，但是大泥怪又一直提起這件事，你覺得小雪怪該怎麼辦？
- 如果大泥怪威脅小雪怪，要是不傳照片就不再做朋友，你覺得小雪怪該怎麼辦？
- 如果小雪怪傳了泳裝照給大泥怪，結果大泥怪又把照片傳給其他人看，會怎麼樣？

• 如果小雪怪決定不再跟大泥怪簡訊聊天，但是大泥怪又找到其他途徑來聯絡她，該怎麼辦？

最後，告訴孩子：當警訊出現時，記得一定要停下來，採取行動來處理這個狀況。當你不知道怎麼做時，請跟爸爸媽媽或老師討論。

家有高中生

互惠的友誼與文明的溝通

我們如何確定自己在網路上與人發展的友誼是健康正面的？

臉書的感情狀態設定中，好像愈來愈多人使用「一言難盡」這個選項。的確，這個形容詞可以描述很多關係中的不同狀態，不論是親密關係還是其他人際關係。數位時代的人際關係又更複雜，現代家長在指導家中高中生建立互惠的友誼與親密關係時，也需要把網路交友考慮進去。

美國皮尤研究中心二〇一八年調查顯示[39]，近半青少年「隨時都在網路上」，青少年愛用社群媒體的前三名分別是Youtube、Instagram和Snapchat。他們隨時都跟朋友在一起——在現實生活中不能實際見面的時候，也能透過網路互相陪伴。

高中生的學習重點

- 反省他們的人際關係如何受到 3C 產品和網際網路影響。
- 分辨健康互惠的友誼應該具備哪些品質。
- 傾聽自己的感受，思考在友誼中遇到挑戰時應該如何應對。

在重視友誼的青少年期，能夠隨時跟朋友在一起，當然有其好處。在家跟爸爸媽媽或兄弟姊妹吵架了，把房門一關，立刻上網找朋友傾訴，不用安排時間約出來，多療癒啊！功課上遇到困難，家裡沒人可幫忙，立刻上網向同學請教，不用等到第二天上學，多方便啊！也有些面對面說不出的話，隔著一層螢幕，反而容易說出口。朋友就在一通電話或一條簡訊之外，隨手可得，從某一方面來說，也有利建立友誼。

但是，想要建立並維持正面與健康的友誼，不能只靠善良，還必須有界限。

39 安德森（M. Anderson）、江（J. Jiang）：*Teens, Social Media & Technology*，暫譯〈青少年、社群媒體與科技〉。皮尤研究中心，2018年5月31日。

不可否認，3C產品具有即時性與便利性，某種程度上是以我們的隱私為代價。社群媒體時代來臨以後，每個人的行蹤都更容易被其他人掌握。我們更容易找到別人，也更容易被找到，甚至更容易被糾纏。有些人因為被頻繁聯繫、感到厭煩而疏遠對方，友誼就結束了。另一些人也對頻繁聯繫感到厭煩，卻害怕失去朋友，因此不敢疏遠對方。這是一種兩難的局面。孔子曾經說過：「近之則不遜，遠之則怨。」用網路時代白話文來說就是：親近了就騷擾你，疏遠了就封鎖你。用在社群媒體時代再貼切不過，而且不是女子與小人，是每一個人。

我們想要同時享受社群媒體的便利但完全免去其麻煩，幾乎是不可能的。但是可以藉由設立界線，把社群媒體的好處盡量發揮，壞處降到最低。界線在人際關係中的重要性一直都存在，在社群媒體使人與人之間的物理距離消失之後尤顯重要。

堅持自己的界線需要練習，尊重別人的界線需要學習，而這些都可以從高中階段開始。

請孩子反思一下：他多常使用３Ｃ產品跟朋友聯繫？透過３Ｃ產品跟朋友聯繫，與面對面聊天，感覺有什麼不同？他有沒有觀察到３Ｃ產品與社群媒體如何影響他的人際關係？影響是好還是壞？

然後跟孩子討論健康與不健康的友誼有什麼不同。告訴他：健康的友誼應該是有界線的。提醒他：當友誼中發生了令你不舒服的情況，就是警訊。在警訊出現時停下來，採取行動不讓對方繼續侵犯你，這就叫做界線。

其實，使用網路溝通最大的好處，或許不是可以一天二十四小時跟我們在現實生活中的朋友保持聯繫，而是讓我們有機會觸及一群在現實生活中沒有機會接觸的閱聽人。

但是跟網路閱聽人溝通，與跟朋友溝通不一樣。我們說什麼、怎麼說，經常取決於我們是在跟誰說，不論是面對面還是在網路上。我們說話的對象，以及我們使用的網站或應用程式，都影響我們溝通的方式。如果家裡有希望發揮影響力的高中生，我們可以提醒他適時切換溝通模式，在網路上發文、留言之前，先考慮他的閱聽人是誰。這樣可以幫助他建立起自己的網路閱聽群，並奠定在數位時代有效溝通的基礎。

高中生的學習重點

- 學習切換溝通模式的觀念，知道講電話、使用3C產品、以及在學校面對面與同學溝通有什麼不同。
- 考慮在網路上採用什麼樣的溝通模式會更有效、更有意義。
- 舉例說明面對不同的閱聽人，可以採用什麼樣的溝通策略。

先問問孩子，知不知道什麼是切換溝通模式？其實這就跟我們寫作文一樣，寫作的第一課，不是起承轉合，而是認識讀者[40]。作文就是一種溝通的方式，認識讀者就是為了切換溝通模式。

提醒他們，想一想：上學的時候，是不是都會切換溝通模式？你在學校跟在家裡講話的方式不一樣，甚至使用不一樣的語言；你上學的時候會遵守學校的規範換上制服，這就是切換溝通模式。

從家裡到學校，不是唯一一個需要切換溝通模式的地方。很多地方——尤其是在網路上——都需要改變與人溝通的方法。

就拿現在最受青少年歡迎的抖音來說，抖音的特色是圍繞著許多「利基」（niche，指小眾市場）建立的，像是某個遊戲的玩家群或是某一部劇的粉絲群。如果你找到了自己的小眾市場，找對了收看與溝通的方式，抖音對你來說就會有趣得多，也更有機會發揮自己的影響力。

就算不玩抖音、不使用任何社群媒體，日常電子通訊也需要適時調整與人溝通的方法。舉一個最簡單的例子：以電子郵件跟老師或同學通訊，兩者的寫法絕對不一樣。切換溝通模式可以幫助你用更容易被聽眾了解的方式，來表達自己的意思；更有效的在網路世界裡觸及與你有共同背景或興趣的閱聽人，並建立社群。切換溝通模式也可以幫助你更有效率的與人合作，這在進行倡議工作或創意項目時特別有幫助。

40 曾多聞：《美國讀寫教育改革教我們的六件事》。字畝文化出版，2018年8月29日。

挑戰孩子：他可以如何應用切換溝通模式來更有效的與人溝通、建立社群、或是跟人合作？引導他先從閱聽對象來思考。他的閱聽人可能有同學、有特定興趣的一群朋友、家人、老師，也許還有參加網路上由YouTuber或電玩玩家組成的群組。

接下來，請他從中挑選一群閱聽對象，想一想要向這群人傳達什麼？你會如何與這群人溝通？然後練習寫一則貼文的草稿。在這個過程中，孩子可以慢慢摸索出適合自己的溝通風格。

認識網路上的人際關係、學習隔著螢幕的線上人際溝通，最終的目的是要成為一個文明的溝通者，在線上線下都能用文明的方式與人溝通。

當我們闡述自己的個人信念與政治理想時，尤其是當我們在網路上的時候，經常會表現出高漲的熱情。這些情緒激烈的時刻可能會導致針鋒相對，讓有些聽眾感覺被冒犯，無法達成溝通的目的，甚至可能造成反效果。但是如果我們用冷靜、沈著的風度來表達自我，就能創造彼此了解、達成共識的機會。高三的孩子即將成年，在他們踏出社會以前，我們要引導他們用文明的方式來處理不同意見，這樣他們才能成為更好的溝通者，讓正面的改變真正發生。

高中生的學習重點

- 認識什麼是文明的對話，並了解在網路上保持風度的困難所在。
- 分析網路上不文明甚至野蠻的對話，並指出是什麼原因導致衝突發生。
- 學習在面對低下的網路攻擊時，如何用高尚的策略去回應。

網路時代來臨以後，英文字troll有了新的意義。Troll的本意是山怪，是北歐神話中的野蠻巨人，現在則用來稱呼那些在網路上故意激怒別人，或在不同意見的族群當中製造紛亂，發布具有煽動性、令人反感言論的人，中文一般叫做「噴子」或「酸民」。我們都不希望孩子變成討人厭的酸民，所以要教他們用文明的方法在網路上與人溝通。

我們該用什麼態度去應對酸民，而不讓自己跟著變成酸民？美國青年反槍運動家卡麥隆．卡斯基（Cameron Kasky）的經驗能提供高中生們很好的借鏡。卡斯基是二〇一八年佛羅里達帕克蘭校園槍擊案的倖存者，在那之後他領導並開啟了一場以推特和ＩＧ等社群媒體推動的反槍運動，迅速成為全美知名的運動家。當時他只是一個高中生，卻被迫面對無數來自成人酸民的攻擊：他被騷擾、被死亡簡訊威脅、收到非常具有侮辱意味的ＩＧ圖片……。

兩年後，成年的卡斯基接受常識媒體採訪，坦承自己曾經用以牙還牙的方式來反擊酸民，但回頭看來，「我對此並不感到自豪。」他表示，在這個過程中，自己學到很多與人在網路上互動的方式：「網路不是用來取代、而是用來加強人際溝通的。」他也指出與人辯論、尤其是與反對者辯論很重要，因為這是說服別人的機會。但我們說服別人的唯一機會，就是用文明的方式溝通。

從卡斯基的經驗裡，我們可以學到幾件事：有一群高中生用社群媒體來推動、倡議一件他們認為很重要的事：反槍枝。成年以後，他們對於這個運動感到自豪，但對於網路上的酸言酸語，不論是別人對他的攻擊，還是他本人對別人的攻擊，都覺得遺憾與後悔。

尊重不同的意見，請永遠記住螢幕後面是一個有血有肉、有感受的人。所有辯論都應該針對議題與意見，而不應該針對螢幕後面的那個人。

Movistar: Love Story（見頁 185）

卡麥隆・卡斯基發起的反槍組織
Never Again（見頁 196）

CHAPTER 5

網路霸凌與仇恨言論

家有小學低年級生

終止網路惡意

如果有人在網路上中傷你，可以怎麼辦？

網路世界裡充滿了各種有趣的人，但網路上也有待人苛薄的人。研究指出[41]，人們在網路上比面對面時更容易講出苛薄的發言。我們可以用一個簡單的角色扮演遊戲，讓小學低年級的孩子體會惡意留言傷人的力量，以及如何應對網路上的惡意言論。

取笑別人的外表、散播關於別人的謠言、對別人無理，都是惡意的言行。這些舉動可能會令人感覺受傷、生氣、難過或是害怕。告訴孩子，如果有人這樣對待他們或他們的朋友，要把這個情況告訴信任的大人，像是爸爸媽媽或老師。提醒他們，網際網路上充滿各式各樣有趣好玩的東西，但也存在惡意——這些惡意，來自苛薄的人。以下這幾個例子，都可以被視為惡意的網路行為：

- 傳送苛薄的訊息給別人。
- 在網路上發表攻擊他人的貼文。
- 在網路上公開嘲笑別人。
- 在網路遊戲中侮辱別人的角色。

小學低年級生的學習重點

- 認識網路惡意的面貌，以及惡意留言給人的感受。
- 採取行動，恰當應對並終止網路上的惡意留言。

問問孩子，他們在網路上曾經遇過有人故意使別人難受的情況嗎？這就叫做網路霸凌。而網路霸凌是怎麼發生的？

有些人是開玩笑開得太過分，也有些人是把對自己的不滿發洩在別人身上。人們在網路上往往比在面對面時更苛薄，因為我們在螢幕上打字時，看

41 美國國家教育統計中心（National Center for Education Statistics）2020 年度報告：多少學生在學校被霸凌？

不見對方的臉，可以打出傷人的字眼而不感到自己正在傷害別人。

蒐集一些苛薄的對話，讓孩子把這些字在螢幕上打出來。然後讓他們拿著填充玩偶，想像這個玩偶是自己的朋友，把同樣的話對著玩偶說出來。問問他們：打字的時候，跟把這些字讀出來的時候，感受有什麼不一樣？

然後，提醒他們：任何你不會當面對朋友說的話，也不適合在網路上用打字「說」出來。

那麼，面對網路上的惡意，如何阻止？

用這個情境讓孩子練習：

小怪獸米米在玩一個網路賽馬遊戲，他養了一匹小馬，還把馬槽佈置得很漂亮。米米的朋友小怪獸佳佳以前曾經跟他一起玩，所以知道他的帳號跟密碼。有一天，米米登入遊戲的時候，發現馬槽的佈置都被破壞了。

先請孩子想一想，如果他是米米，他會怎麼辦？然後再告訴他，面對類似情形，我們可以：

1. 暫時放下手上的3C產品，離開正在用的網站或玩的遊戲。
2. 告訴爸爸媽媽或其他你信任的大人。
3. 重新考慮這個網站或遊戲適不適合你？
4. 想一想跟惡意對待你的人溝通會不會有幫助？

所以，米米可以先暫停玩這個遊戲，告訴爸爸媽媽發生的事情，再一起決定要不要繼續玩這個遊戲，並想想看他要不要跟佳佳溝通。如果米米跟佳佳是好朋友，他也許會想跟佳佳談一談，看看當中是不是有什麼誤會。但如果佳佳繼續在其他地方欺負他，米米也許必須採取其他手段保護自己。

提醒孩子，在這個過程中，告訴大人是最重要的——如果你在網路上被霸凌，請一定要讓爸爸媽媽知道。我們上網看影片、跟朋友傳訊息、玩遊戲，這都是很有趣的事，但也不要忽視網路惡意的存在，要記得時時保護自己！

家有小學中年級生

做個超級數位公民

如果你在網路上被別人霸凌，可以怎麼辦？

隨著孩子愈長愈大，他們在網路上與人溝通的機會自然愈來愈多，但在網路上看到的一些貼文可能讓他們覺得受傷、難過、生氣、甚至害怕。如果每個爸爸媽媽都能幫助自己的孩子建立同理心、學習對抗網路霸凌，我們就可以共同保護大家的孩子。

首先讓孩子體會為什麼透過網路與人溝通容易發生糾紛。你可以先面帶微笑的對孩子說：「你還好嗎？」然後再板起臉，用生氣的口氣說：「你還好嗎！」然後問問他們對前後兩個「你還好嗎」的感受有什麼不同。跟他們解釋，在網路留言上我們往往只看到文字，沒看到對方的表情或聽到對方的

小學中年級生的學習重點

- 了解打字前先三思的重要性，因為每個人對同一文句的解讀都不一樣。
- 知道如何回應網路上的惡意留言。
- 判斷哪些言論可以在網路上發表，哪些不適合。

語氣，每一個人對同一個文句的解讀不一樣，所以容易產生誤會。當我們在網路上看到有人發表了讓自己不舒服的言論，可以先花幾分鐘冷靜一下，不用立刻回覆對方。

當然，惡意言論也真實存在於網路世界裡，所以我們需要跟孩子一起探討如何應對網路上的惡意或仇恨語言。荀子《非相》篇說：「傷人以言，甚於劍戟。」這句話的意思是，用惡毒的語言傷害別人，比用刀劍的傷害還要嚴重。小學生就應該明白這道理。

請孩子想像一下——如果你在玩網路遊戲時落後了，別的玩家開始取笑你「笨蛋」、「怪胎」，你還會覺得這遊戲好玩嗎？如果你貼出寵物狗的照片，別人在下面留言說「好醜的狗」、「噁心死了」，你覺得怎麼樣？

然後引導孩子思考，如果碰到上述情形，該怎麼辦？

提醒他們，我們可以用上一章學過的方式：先放下手上的3C產品，把這件事告訴爸爸、媽媽、老師或其他信任的大人，跟大人一起決定要不要繼續玩這個網路遊戲或使用這個社群網站。如果要繼續使用的話，先跟大人一起想好，要怎麼跟惡意攻擊你的人溝通。

而當孩子向我們傾訴，說他在網路上被嘲笑、排擠或霸凌，千萬不要對他說「不要理他們就好了」。請認真去同理孩子的情緒，謝謝他們把這件事跟我們分享，告訴他：「我很高興你來跟爸爸／媽媽討論這件事！」並採取以下步驟，給予他們建議：

1. 跟孩子討論，為什麼這些人要說苛薄的話、出言傷害別人？是想開玩笑，但開過了頭？還是討厭自己，就胡亂發洩在別人身上？
2. 跟孩子討論可以怎麼回應。向他們說明，「同理心」是一種體諒別人感受的能力，但是有些人沒有這種能力，所以他們會惡意欺負別人。

3. 跟孩子一起決定要不要繼續玩這個網路遊戲或者繼續使用這個社群網站。如果你發現這個網路遊戲或社群網站充斥惡意留言或其他毒性文化，可以要求孩子暫時不要使用，避免進一步的傷害。

那麼，如果你看到朋友在網路上被霸凌，你會怎麼辦？是假裝沒看見，還是對遭到霸凌的朋友伸出援手？

小學中年級生的學習重點

- 分辨網路霸凌的跡象。
- 明辨數位公民的責任，知道「旁觀者」和「見義勇為者」的不同。
- 知道怎麼安全的介入霸凌，當網路世界的超級公民。

網路是一種強大的工具，但工具愈強大，隨之而來的責任也愈大。最可怕的，不是壞人囂張，而是好人沈默。如果孩子沒有能力應付網路霸凌，他們就會變成霸凌者的幫兇。我們必須示範給孩子看，如何採取行動、解決衝突，遇見網路霸凌，不要袖手旁觀。

當霸凌事件發生時，除了加害者與被害者以外，還有一群人牽涉其中：看見霸凌事件但卻保持沈默的人，叫做「旁觀者」。看見霸凌事件後勇於發聲，用不同方式支持被害者的人，叫做「見義勇為者」。鼓勵孩子勇於用合適的方式介入霸凌，因為維護網路空間的友善與安全是我們共同的責任，我們保護彼此的時候也在保護自己，所以我們要做個「超級數位公民」。

告訴孩子，他們每天貼文、分享、遊戲、創作、探索、學習……都在網路上進行，若是少了安全、少了責任感、少了彼此尊重，網路就會變成一個險惡的地方。幸好有超級數位公民，懂得做出好的選擇，也幫助其他數位公民做出好的選擇。要做個超級數位公民，可以很簡單，小學生也可以做得到，例如設定強而有力的密碼，保護自己的隱私、在網路上轉貼朋友的照片之前，先徵求對方同意。這些都是很簡單的舉動，卻不僅保護了自己，也保護了別人。

但還有一種比較困難的情況，就是面對網路霸凌。網路霸凌可能以幾種不同形式出現，包括：

- 霸凌者在網路上一再騷擾或嘲笑特定被害者。
- 霸凌者使用留言、做圖、聊天室等方式，到處散布被害者的負面八卦或謠言。
- 霸凌者利用網路的匿名性，使得被害者不知道自己正在被誰攻擊。
- 霸凌者在網路上聚眾孤立被害人。

請孩子想一想，如果他在網路上看到有人被霸凌，可以做些什麼事來阻止？先請他們分享自己的想法，再告訴他們可以這樣做：

- 保護被害者，可以公開留言表示支持，也可以私下傳訊表示安慰。
- 告訴身邊信任的大人，跟大人一起討論怎麼處理。
- 直接反擊霸凌者，請他不要這樣做。

以上，都是見義勇為的表現。請孩子想一想，他覺得自己有什麼特殊能力，可以在面對霸凌的時候挺身而出？鼓勵他找出適合自己的方式。

最後，用這些情境跟孩子一起練習、一起思考：

- 有人在社群網站上散佈關於你好友的謠言！你會怎麼做？
- 玩網路遊戲時，忽然有一個玩家對你的隊友罵髒話！你會怎麼做？
- 你在班上有兩個最好的朋友，小怪和小獸。有一天，小怪把他和小獸的私人對話在班級群組中公開了！小獸很難過。你會怎麼做？

家有小學高年級生

拒看「數位肥皂劇」

小學高年級生的學習重點

- 分辨人際霸凌、網路霸凌、粗魯待人之間的相似與不同之處。
- 發揮同理心，不做霸凌者。
- 找出對抗網路霸凌的策略，並幫助霸凌的受害者。

怎樣才算是網路霸凌？

讓我們面對現實：有些網路空間就是充滿了負面、粗魯、苛薄的留言。但苛薄就算是霸凌嗎？我們可以幫助孩子分清霸凌的分際，並為他們裝備對抗霸凌的工具。

先學習什麼是霸凌，再進而學習如何阻止霸凌。

當我們待人苛薄的時候，我們可能說出

傷人的話或做出傷人的行為。這些言語或行為背後的動機，可能是生氣，可能是沮喪，可能是嫉妒。可能只發生一次，可能發生兩次、三次。苛薄當然不好，但霸凌更不好。霸凌是一個人使用他的力量，一再傷害別人。可能是肢體上的傷害，可能是言語上的羞辱。

網路霸凌跟現實中的人際霸凌很像，只是前者發生在網路上，霸凌者不是使用自己的力量，而是用3C產品透過網路的力量去傷害別人，因此兩者有點不同。網路霸凌也比霸凌更難擺脫，因為網路霸凌可能發生在任何時間、任何地點，而且在眾目睽睽之下。

網路霸凌者可能隱藏他們的真實身分，甚至聚眾集體霸凌一個目標。但是，如果你看到有人被霸凌，不論是在現實生活中還是網路世界裡，都有辦法能夠幫助他們。你可以對他們表示支持，讓被霸凌者知道有人關心他們。你可以反抗霸凌者，告訴他們這樣做是不對的。你也可以把看見的霸凌事件跟老師或爸爸媽媽報告。只要找出適合自己的方法，我們每一個人都可以對抗霸凌。

苛薄與霸凌的不同在於苛薄是偶然的，霸凌是針對特定對象重複發生，網路霸凌者更會使用3C產品把霸凌行為的力度加大。孩子之間偶然的苛薄傷人，當然也要慎重處理，但別急著把做錯事的孩子貼上「霸凌者」的標籤。

用以下情境來跟孩子一起練習思考：

小怪獸三三的生日快到了，但是爸爸媽媽說他只能邀請十五個同學來家裡開派對。小怪獸五五和七七沒有被邀請，他們很生氣，就在一個匿名留言板上攻擊三三，說「三三的派對一點都不酷，我根本不想去！」「聽說三三的派對連蛋糕都沒有，真遜！」「三三這個怪獸平常就很無聊，我才不要去他的派對呢！」在五五和七七的煽動下，班上有些小怪獸也加入嘲弄三三。

當三三登入留言板看到這些罵他的話，覺得很難過。他感覺受到傷害，而且不知道貼文的人是誰。他告訴爸爸媽媽他肚子痛，不想去上學，也不想開生日派對了。

問問孩子：這算不算是網路霸凌？如果是的話，誰是霸凌者，誰是目標，誰是其他參與者？如果你是三三，你感覺怎麼樣？你覺得五五跟七七為什麼要那麼做？如果你是班上其他小怪獸，會有什麼反應？

最後，請孩子想像自己是班上其他小怪獸，在這個匿名留言板上寫一句話，支援三三。這句話可以是給三三的，也可以是給霸凌者，或其他旁觀者。

除了網路霸凌，還有一種惱人的東西，叫做「數位肥皂劇」，很多人都遇到過：你在社群媒體上發表一些個人意見、或是抱怨某件事、或是分享一篇文章；有人在下面評論，反對你的言論。然後又有人在下面評論，反對第一個評論者或是反對你；接著愈來愈多人跳進來發表他們的看法，有人開始出言不遜，於是有人被激怒，很快的一大堆人在你的貼文下面互罵，有些人彼此甚至根本沒見過面。

為什麼會這樣？又要怎麼避免落入數位肥皂劇的「坑」？我們可以用一些方法，指導孩子如何避開數位肥皂劇，以及在肥皂劇發生時如何降溫。

問問孩子，如果班上有同學發生爭吵，其他同學會有什麼反應？相信他也注意到，有人吵架時，很多人會在旁邊圍觀，甚至搧風點火。那是因為，人們都容易被「肥皂劇」吸引，這是人性。在網路上也一樣，而且由於網路的特性，這類爭端在網路上經常會演變到不可收拾。

數位肥皂劇比現實肥皂劇更難以收拾的原因有很多。人們隱身在螢幕後面時，更容易言語苛薄。當我們看不到對方的臉，只看到對方打的字時，容易產生誤會。網路的匿名性，讓有些人肆無忌憚的使用仇恨語言做人身攻擊。

還有一個原因，是人類大腦對於「聽到的語言訊息」和「讀到的文字訊息」，反應不同。

加州大學柏克萊分校與芝加哥大學於二〇一七年發表的聯合研究指出[42]，同樣的內容用「寫」的和用「說」的，會引起人們非常不同的反應。在研究中，研究員

小學高年級生的學習重點

- 分析為什麼發生在網路上的衝突更容易升溫。
- 在衝突燒到自己身上時，如何採取降溫策略。
- 了解數位肥皂劇的影響。

準備了三百個有爭議性的主題，有些關於戰爭、有些關於墮胎、甚至有些關於流行音樂。他們把這些主題用分別用文字、影像、錄音呈現給受試者看，然後訪談受試者，觀察他們的反應。

不意外的，多數人都認為與自己持不同意見的人不是笨就是壞。但是，「讀到」與自己不同意見，與「聽到」或「看到」與自己不同意見的人，反應卻很不一樣。「聽到」或「看到」與自己不同意見時，多數人會就事論事，不會攻擊對方，但「讀到」與自己不同意見時，人們則傾向鄙視發表意見的人。

因此，溝通的媒介很重要。當我們與意見相左的人溝通時，用3C產品與人爭論絕對是不智的方式。當我們把相左的意見帶到社群媒體、電子郵件、手機簡訊上時，討論容易失焦，流於口水戰乃至人身攻擊。

跟孩子一起做個小實驗：在社群媒體上讀到不贊成的意見時，先大聲把這段話說出來，或者請別人說給你聽。你的感受是不是有所不同？試試看，得到的效果也許會讓你很驚訝。

最後請孩子想一想，遇到網路爭端時，我們可以怎麼做？有幾個簡單的策略，小學生就能做到：

- 忽視不禮貌的留言，不要回應。
- 跟意見相左的朋友面對面溝通。
- 把發生的事情告訴爸爸、媽媽、老師或其他信任的大人。
- 看到仇恨或歧視言論時，向社群平臺舉報。

---

42 施羅德（J. Schroeder）等：*The Humanizing Voice: Speech Reveals, and Text Conceals, a More Thoughtful Mind in the Midst of Disagreement*，暫譯〈人類的聲音：語音顯示、文本隱藏，在分歧中對心態的影響〉。心理科學期刊，2017年10月25日。

家有國中生

成為數位正義聯盟的一員

電影裡的正義聯盟，是蝙蝠俠和神力女超人。真正的正義聯盟，是會挺身對抗霸凌、阻止仇恨言論、發揮同理心的人。

我們在前面已經討論過如何指導小學生應對網路霸凌，當孩子升上國中，就可以進一步引導他們思考：網路霸凌事件中不是只有一個加害者與一個受害者，而是許多方面、許多前因後果堆積起來，將被害者逼到角落。在這個過程中，只要有一個人站出來，受害者就不會孤立無援。如果我們都能練習發揮同理心，體諒他人的感受，就可以預防或反抗霸凌。

我們要知道，即使面對同樣的情境，每個人的感受不一定一樣。例如，很多人都有綽號，有些人不介意被取綽號，有些人則不喜歡。不喜歡可能是因為這個綽號本身帶有嘲諷的意味，可能是因為當事人就是不喜歡被取綽號，也可能是因為取綽號的人與被取綽號的人之間的親疏關係，而影響到當事人對綽號的觀感，所以我們要細心去考慮不同情況。

國中生的學習重點

- 觀察在一件網路霸凌事件中牽涉到的人物，分別思考他們的立場與感受。
- 發揮道德勇氣，與受害者站在一起。
- 採取有效策略，以不激怒對方的方式回應霸凌者。

先用這個情境來跟孩子討論：有個小怪獸長得胖胖的，他的朋友都叫他「小胖胖」，你覺得這可以接受嗎？如果其他小怪獸叫他「死胖子」呢？這可以接受嗎？又如果，班上有個小怪獸找出這個胖胖的小怪獸在社群媒體上全部的照片，一一在下面留言「死胖子」，可以接受嗎？

請孩子分別想像自己是取綽號的跟被取綽號的小怪獸，說說自己的感覺與理由。然後告訴他：在所有的衝突事件中，我們都要這樣去練習，考慮別人的立場。這就是「同理心」。

再用一個比較複雜的情境來練習思考：

小怪獸磕磕在家裡拍了一段模仿超級英雄電影拍的搞笑影片，把它傳給好朋友小怪獸碰碰。碰碰看了覺得很好笑，又傳給小怪獸邁邁。邁邁看了以後，嘲笑磕磕一番，然後把這段短片貼在網路上。全校幾百個小怪獸都看見了。每天磕磕上網就看到有人在這段影片下面留言「白痴」、「醜死了」！每天去上學，也聽到其他小怪獸這樣嘲笑他。磕磕難過得不想去上學，但沒有把這件事告訴爸爸媽媽，所以大怪獸們都不知道這件事。只有一個老師聽到邁邁跟其他小怪獸在取笑磕磕，但不知道他們在笑什麼。

請孩子分別想像自己是碰碰、邁邁、老師、跟其他小怪獸。然後想一想：我為什麼那樣做？我怎麼做會更好？有什麼原因讓我難以採取更好的做法嗎？

例如，邁邁這麼做，可能是為了想增加自己頻道的流量。碰碰沒有阻止邁邁，可能是不敢跟邁邁衝突。其他小怪獸跟著嘲笑磕磕，可能是覺得好玩，沒有去體諒磕磕被嘲笑的感受。爸爸媽媽沒有關心，可能以為磕磕只是鬧情緒，沒什麼大不了。老師沒有阻止，可能是不知道情況有多嚴重。

表面上看來，邁邁是整件事的始作俑者，但其實碰碰和其他小怪獸也是幫兇，甚至爸爸媽媽跟老師都沒有盡到責任，連磕磕也不懂得保護自己。只要有一隻怪獸站出來，請邁邁把影片撤下來、或者對磕磕表示關心、或者勸阻其他小怪獸嘲笑同學，這起霸凌事件就不會繼續升溫。

所以，發生霸凌往往有許多方面牽涉其中，所有的旁觀者都是共同加害者。就像雪崩的時候，沒有一片雪花是無辜的。所以，我們不要當個旁觀者，而要成為正義聯盟的一員，和受害者站在一起，對抗霸凌。

除了人際衝突霸凌以外，國中生還可能在網路或社群媒體上接收到各種負面訊息，有些是無禮、苛薄的發言，有些是**仇恨言論**。遇到仇恨言論怎麼辦？我們可以指導家裡的國中生認識網路上各種棘

仇恨言論
指針對特定種族、宗教、國籍、政治黨派、年齡、性別、性傾向等族群進行言論攻擊。

手的狀況，以及找出最好的應對方式。

在英國當代藝術家詹姆斯・喬伊斯（James Joyce）的畫作Intermetic中，有一個人拿著一支手機，手機中伸出一雙手掐住他的脖子。Intermatic是英文「互動」的意思，喬伊斯故意把其中的字母a改成代表「電子」的字母e，來象徵數位時代的互動令人窒息。這幅圖像詮釋了許多網路世界特有的人際互動現象，也生動表現出仇恨言論在網路上的效應。

國中生的學習重點

- 了解網路科技如何放大仇恨言論。
- 分析網路仇恨言論造成的後果。
- 找出看到或聽到仇恨言論時可以採取的行動。

用以下情境，跟孩子一起思考：

小馬怪獸看到他的朋友小鹿怪獸在網路上對一則嘲笑精靈的迷因按讚並轉發。小馬看了覺得很不舒服，因為小馬是一個混血兒，他的媽媽是來自精靈國的外籍新娘，班上也有幾個同學來自從精靈國移民到怪獸國的家庭。不但所有的同學都可以看到小鹿轉發了嘲笑精靈的迷因，而且小鹿還是他們的班長，小馬覺得小鹿應該要尊重所有不同背景的同學。

問問孩子：你覺得小鹿為什麼那樣做？如果你是小馬，你可以怎麼做？一起多想幾個不同的方案，然後根據不同方案，依序思考：如果採取這個方案，可能會帶來什麼樣的後果？旁邊的人可能會有什麼反應？

告訴孩子，仇恨言論是一個非常敏感的話題，在處理時要拿出最冷靜客觀的態度。提醒他們，仇恨言論也是網路霸凌的一種形式。所以當我們遇到仇恨言論時，不要袖手旁觀，要思考自己在其中的責任。

仇恨言論比霸凌強度更大，所以在英文中霸凌者叫做bully，意思是「惡霸」；仇恨言論的散播者叫perpetrator，意思是「罪犯」。面對仇恨言論，我們有很多反制方式，但直面仇恨言論的散播者往往是不實際甚至危險的。鼓勵孩子，在遇到仇恨言論時，可以這樣做：

- 就事論事的對仇恨言論表示反對。

- 保護被攻擊的人。
- 私下聯繫被攻擊的人，對他們表示關心。
- 把發生的事情告訴爸爸媽媽、老師或其他信任的大人。
- 呼籲學校或社區正視仇恨言論問題。

當仇恨言論發生時，我們所採取的行動，可能會改變被攻擊的人一輩子，所以不要低估自己的影響力。我們也需要知道，很多時候，自己無意中說出的話，可能會傷害到別人。誠實是美德，但直爽不應該是傷人的藉口。有時候，沒有惡意但欠缺考慮的留言或行動，很容易就會升溫成網路肥皂劇甚至網路霸凌。

真正有同理心的人，會挺身而出對抗霸凌，也會謹言慎行預防霸凌。

請孩子想一想：如果你的好朋友剪了個新髮型並貼出一張自拍照，但是你覺得他的新髮型很醜，你會怎麼反應？你還是會對他的自拍照按讚嗎？你會留言嘲笑他嗎？還是你會當作沒看見？

對國中生來說，這就是一個棘手的狀況：不想傷害朋友，但也不想說謊。這類情況在網路世界很常見，如果處理不好，可能會讓別人覺得受傷。

我讀國中的時候，學校曾經發生女生把仰慕者寫的情書公開，使男生受到同學嘲笑，最後轉學的事件。那是還沒有網路的年代。一封貼在公佈欄上的情書就能逼迫一個純情少男轉學，被公佈在社群網路上的情書能造成更大的傷害。把情書公開的女生不一定是蓄意霸凌寫情書的男生，但造成的結果是一樣的。

國中生的學習重點

- 分辨可能冒犯、傷害他人，或者令他人感到尷尬的網路行為。
- 面對棘手的狀況時，冷靜分析並採取行動應對。

我們在網路上的言行，可能會產生意料之外的後果。留言、發文都可能傷害到別人，而且在網路上，情緒升溫得很快。

我們在網路上發表言論之前，可以先採取四個步驟，來避免意料之外的不良後果：

1. 分辨：我的行為可能會影響到哪些人？
2. 感受：這些人會有什麼感受？
3. 想像：我要怎麼去體諒他們的感受？
4. 行動：我要怎麼做？

或者，當你在網路上的貼文已經開始產生意料之外的後果，也可以採取同樣的四步驟：

1. 分辨：我的行為對哪些人造成影響？
2. 感受：他們有什麼感受？
3. 想像：我要怎麼去體諒他們的感受？

4. 行動：我要如何為自己造成的後果負責？

用這個情境跟孩子一起練習思考：

小怪獸阿德把小怪獸阿賈出醜的影片分享在網路上，阿賈請阿德把影片移除，但是阿德不肯，因為大家都留言說阿賈很搞笑，阿德認為既然沒有出現惡意留言就沒關係，是阿賈小題大作。第二天，似乎全校的小怪獸都看過這個出醜影片了，阿賈假裝不在乎，但他其實很生氣，放學以後就直接回家，沒有去他跟阿德約好的怪獸摔跤比賽。

請孩子想像自己是阿德，用上述分辨、感受、想像、行動等四步驟來進行思考：我貼出的影片影響到哪些人了？我要如何為自己造成的後果負責？

然後，我們可以把這個情況複雜化，挑戰孩子：如果阿賈也曾經貼出過嘲笑阿德的影片呢？你覺得阿德可以這樣「報復」嗎？又如果，阿德把這個影片設定為「私密」，只有五隻最要好的小怪獸可以看見，而且這些小怪獸一定不會嘲笑阿賈，這樣可以嗎？或者，阿德不肯移除影片，但是公開貼文向阿賈道歉，這樣可以嗎？

很多網路霸凌的內情，都比乍看之下更複雜，需要多方考慮，方能解決。鼓勵孩子，遇到棘手的情況時，可以跟爸爸媽媽討論，腦力激盪，一定會有更好的解決方式。

家有高中生

思考同溫效應，不讓恐外情緒生出仇恨言論

人類是群居動物，我們在社會中、在團體裡茁壯，但這種群居的習性，也容易讓我們對自己所屬的社會或群體外的人產生疑慮。這種對於外來或未知人事物的恐懼與疑慮，就叫做恐外情緒。如果我們有機會多跟不同群體的人相處，就可以克服恐外情緒，但網際網路是一種很奇怪的東西，看似讓我們有機會接觸不同的人，實則讓我們侷限在同溫層裡而不自知：因為人類在面對五花八門的資訊時，都有選擇性接收、選擇性理解的本能；社群媒體依據用戶個人偏好、人際網路來「幫忙」過濾資訊的功能，更使我們在不知不覺中，失去了解非我族類的機會。當我們住在同溫層裡，我們的經驗與另外一層的人完全沒有交集；如果我們繼續在同溫層裡養育孩子，未來的世界只

會變得更糟糕。我們需要從現在起，幫助孩子了解同溫效應如何產生，並去理解跟自己不一樣的人，做個心胸開闊的未來公民。

高中生的學習重點

- 理解仇恨言論與恐外情緒的關聯。
- 分析網際網路如何助長仇恨言論與極端主義。
- 採取方法對抗網路上的仇恨言論。

意在威脅、傷害、攻擊特定族群的仇恨言論植根於恐外情緒，發表仇恨言論的人經常針對與己不同種族、宗教或性別的人展開攻擊。這種攻擊一旦開始，就會像滾雪球般愈滾愈大，在網路上更是如此。問問家中的高中生，他們一定在臉書、YouTube、各種社群媒體上看過針對特定種族或宗教的仇恨言論，甚至曾經成為仇恨言論針對的對象。沒有一個社群平臺可以免疫，也沒有一個社群媒體的使用者可以不看到這類言論。

對外來的、未知的事物感到恐懼，是人之常情，因此在網路上發表仇外、恐外言論，經常能得到許多網友附和，讓發表仇外言論的人輕鬆得到他們想要的注意力與滿足感。這些人可能對自己感到不滿、可能曾經受過傷害，藉由傷害別人，可以達到報復性發洩的目的。而且，螢幕就像一張紙，遮著你的臉，但聲音仍然可以穿透，因此在網路上發表仇恨言論，比面對面的仇恨談話更輕巧。

仇外言論的影響深遠，世界上有些人，他們的外表、穿著、語言、飲食、信仰、工作、娛樂、對世界的看法、收視的媒體，跟我們完全不一樣。如果我們不去理解他們，就無法對他們產生同理心。如果不同族群的人不能同理彼此，我們就無法建立和諧的社會。

所以不要忽視仇恨言論。教育孩子，遇到仇恨言論時，可以發表反駁意見，或者向平臺檢舉。有時候，仇恨言論是針對我們所屬的群體進行攻擊，這時候我們當然會覺得很受傷。有時候，我們看到的仇恨言論不是在攻擊自己所屬的族群，但我們也可以採取反制或檢舉行動。因為在網路上，我們都是網路公民，都有社會責任，不論我們屬於哪一個族群，都應該彼此扶持，而不是互相攻擊。

在認識恐外情緒與仇恨言論的過程中，我們可以告訴孩子，有一種現象，叫做「網路去抑制效應」：不同於面對面的交流，人們在網路上看不到彼此的臉孔，因此感覺解放，發言也變得肆無忌憚。我們可以鼓勵孩子觀察網路去抑制效應對自己的影響。

高中生的學習重點

- 定義網路去抑制效應，認清其優缺點。
- 解釋網路的時差、匿名性、缺少非語言提示等特性如何形成去抑制效應。
- 分析網路去抑制效應如何引發網路霸凌，並思考如何避免。

而此種效應為什麼會引發網路霸凌呢？

美國公共電視網理財節目《兩分錢》（暫譯，*Two Cents*）的主持人之一朱莉亞．洛倫茲奧爾森（Julia Lorenz-Olson）就說，她懷孕時繼續主持節目，雖然談話內容聚焦於理財，但YouTube頻道下面的留言都圍繞在她懷孕後變得多醜多胖。

這不只是洛倫茲奧爾森的個人經驗。問問家中的高中女生，她很可能也有照片在社群媒體上被品頭論足的經驗，而且當中絕對不乏苛薄的評論，這就是網路去抑制化的效應。

在網路上，去抑制化不一定總是壞事。有時候，我們會在網路上看到有人匿名分享自己正在面對的私人困境：「剛剛得知我爸媽要離婚了。」然後會有人在下面匿名鼓勵他：「我也經歷過，你不孤單。」這些與人面對面時說不出口的傷痛，可以藉由網路的匿名性表達出來，得到鼓勵。

簡言之，網路去抑制化使我們在網路上表現得比在現實生活中更不受拘束。這個概念，最早在二〇〇四年由心理學家約翰．蘇勒（John Suler）提出[43]。他指出，有毒性和良性兩種不同的去抑制效應。「毒性去抑制效應」是指人們在網路上容易發表苛薄的言論，那些有敵意而傷人的話，在現實生活中往往不會講出來。「良性去抑制效應」是指人們可以藉由網路的特性，不受拘

43 蘇勒（J. Suler）：*The online disinhibition effect*，暫譯〈網路去抑制化效應〉。數位心理行為期刊，2004年6月7日。

束的分享自己在現實生活中不敢說出口的話，並因此創造正面的網路經驗。

不論是哪一種去抑制效應，其成因都是一樣的：時差、匿名性、缺少非語言提示。網路上的對話經常不是實時發生，在發表一篇貼文跟看到評論之間，會有一段時間差。這個時間差可能會造成我們衝動評論，產生毒性的去抑制效應；但也給我們機會，在評論之前先想一想，就能發揮良性的去抑制效應。

匿名性則是指人們在網路上很容易就能隱藏真實身分。這表示你就算酸言酸語，也不怕得到不良後果，形成毒性去抑制效應。但這也讓我們有機會不畏外人眼光，表現出自己脆弱的一面，創造良性去抑制效應。

在網路上與人溝通時，我們看不到對方的表情或肢體語言，這就是缺少非語言提示。這讓我們難以判讀對方的情緒，容易產生誤會。

因為有去抑制效應，在網路上聊天跟面對面聊天看似同一件事，其實完全不同。我們應該注意毒性抑制效應引發的網路霸凌，乃至網路仇恨言論的後果。

目前多數國家基於保障言論自由的準則，並不管制仇恨言論，但允許私人機構，包括社群媒體和私立大學，自行規範仇恨言論。私人機構應該如何回應仇恨言論？怎樣是對仇恨言論適當的處置？這些都是即將進入社會的高中生可以思考的問題，作為家長的我們也應幫助孩子拿捏言論自由與尊重他人的分際。

高中生的學習重點

- 考慮仇恨言論是否應該被視為言論自由權的一部分。
- 提出對規範網路仇恨言論的贊成與反對意見。
- 思考仇恨言論的後果。

許多國家保障人民的言論自由——人人都能自由發表個人觀點與意見，而不會被阻撓或懲罰的權利。但是，近年來，隨著網路仇恨言論的影響擴大，開始有仇恨言論是否應該受到言論自由權保障的辯論。

這是一個複雜的議題。二〇一八年，美國共發生三百餘起大規模槍擊案，事後經調查，這些槍手的社群媒體頁面都充滿仇恨言論[44]，因此開始有規範仇恨言論的聲浪，但同年十一月，美國最高法院裁決仇恨言論應受憲法言論自由權保護。另一方面，法國國會於二〇二〇年五月通過《打擊網路仇恨言論法》，但才過了一個月，憲法委員會就宣告這部法律違憲，認為會侵害人民的言論自由。我們需要思考的是：什麼程度的仇恨言論，才會構成威脅？

告訴孩子：因為世界各國的法律對於規範仇恨言論尚無共識，但是允許私人機構自行規範仇恨言論，我們必須自己思考，什麼程度的仇恨言論會對網路社區構成威脅，以及我們可以如何採取行動，保護自己也保護我們的網路社區。

我們能做的第一件事，就是思考仇恨言論可能帶來的後果。前面曾提到，二〇一七年，十位甫被哈佛大學錄取的新生組成秘密網路聊天室，分享譏諷少數族群的笑話，後來被哈佛校方發現，十位學生都被取消入學許可。這就是仇恨言論反噬自身的實例。

可以用這個例子讓孩子練習思考：你對這件事有什麼看法？你覺得這些新生的行為恰當嗎？哈佛大學的處置正確嗎？爸爸媽媽在過程中可以指出孩子可能沒有考慮到的點。這個練習的目的，不是要找出「對的」答案，而是學著在面對複雜的議題時，放慢反應速度，花時間聽聽別人的想法，然後反思自己的主張。接著再問問孩子：這個真實的例子是否讓你覺得似曾相識？

這個練習也很適合老師帶學生在課堂上做，讓學生們三到四人一組討論看法，如果時間許可，可以分組報告小組的結論。強調這個實例的複雜性，容許同組學生有不同的聲音。問問他們這些問題：

- 如果你是被這群哈佛新生嘲笑的對象，你的感受如何？
- 如果這些嘲諷是用私訊傳遞，而不是張貼在聊天室裡，會比較好嗎？
- 如果這些學生已經入學了，才組織秘密聊天室嘲笑少數族裔，學校應

44 加斯德（J. Garsd）：*Free Speech or Hate Speech*，暫譯《自由言論還是仇恨言論》，美國國家廣播電臺，2018年11月19日。

該把他們退學嗎？

這些問題可以讓孩子們更深入思考仇恨言論的後果：網路上的仇恨言論不會只停留在網路世界裡，而會對現實生活產生巨大影響。下一次，當他們遇到仇恨言論，當有更深刻的省思。

CHAPTER 6

媒體素養與識別真假新聞

家有小學低年級生

尊重別人的作品

現在的孩子活在數位時代，動動手指就能找到好多資料，比起我們的學生時代，寫報告可是比以前容易多了！隨之而來的，現在的孩子需要學會尊重智慧財產權。網路上的文章和影像都是原作者的創作，可不能隨意複製貼上，就當作自己的作業交給老師喔！

小學低年級生的學習重點

- 了解為什麼利用他人的作品必須註明出處。
- 該如何恰當引用他人的作品。

問問孩子：假設你參加學校的畫畫比賽，而且得了第一名！你的作品被掛在川堂上讓大家欣賞，但上面卻錯標了別人的名字。當你發現時，感覺怎麼樣？

這只是一個比喻，但他們可以從這裡了

解，如果自己的作品被歸功給別人，感覺很不好。所以，當我們利用別人的作品時，也要歸功給原作者，這是尊重別人作品的表現。

很多時候，像我們在做學校的作業時，也會上網找資料，你可能會找到想要用在作業裡的圖片、文章、影片——我們可以把別人的作品放進自己的作業裡，但同時要恰當的引用這些資料，歸功給創作者。

引用應該包括三個部分：

1. 作者——作者可能是一個人，或是一個組織。
2. 影片、文章或圖片的標題。
3. 網站——小學低年級的孩子，學會標出網域名稱就可以了。

以下頁的例子來說，三項引用資料分別是：

1. 作者：曾多聞

2. 標題：美國讀寫教育改革的啟示：提升讀寫素養，才能讓孩子活得「更像人」

3. 網站：parenting.com.tw

孩子熟悉這三個項目以後，可以找一些適合孩子的網頁，讓他們從網頁上找出作者、標題、網域名稱，練習如何正確引用網路資料。

同樣的道理，網路上的影像也受到著作權法保障。孩子學會上網以後，很容易從網路上抓圖用在學校的作業上，或者分

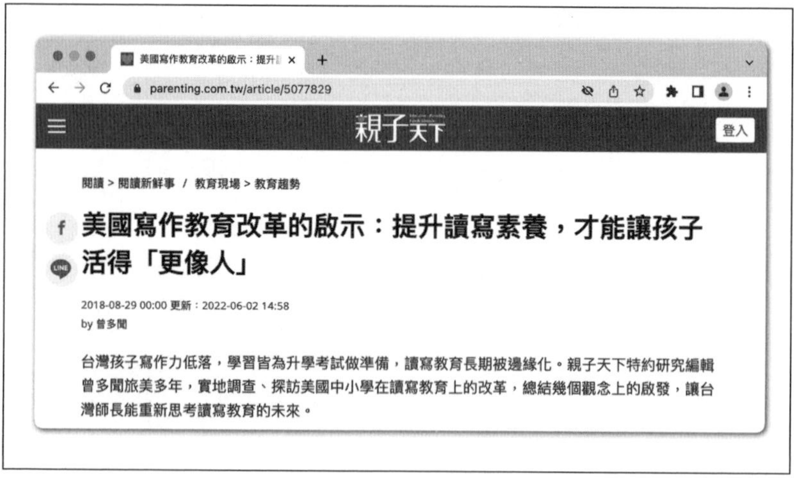

美國寫作教育改革的啟示：提升
parenting.com.tw/article/5077829
親子天下
登入
閱讀 > 閱讀新鮮事 / 教育現場 > 教育趨勢
美國寫作教育改革的啟示：提升讀寫素養，才能讓孩子活得「更像人」
2018-08-29 00:00 更新：2022-06-02 14:58
by 曾多聞
台灣孩子寫作力低落，學習皆為升學考試做準備，讀寫教育長期被邊緣化。親子天下特約研究編輯曾多聞旅美多年，實地調查、探訪美國中小學在讀寫教育上的改革，總結幾個觀念上的啟發，讓台灣師長能重新思考讀寫教育的未來。

享好笑的圖片給同學朋友。我們需要指導孩子，哪些圖片可以取用，哪些不行，以及如何尊重別人的著作權。

問問孩子，他們知不知道什麼是「作者」？告訴他們，「作者」就是創作了某樣東西的人，你拍了一張照片、寫了一首歌，你就是這張照片、這首歌的作者。提醒孩子：他自己也是作者！你寫過作文嗎？拍過照片或影片嗎？畫過圖畫嗎？只要有過這些作品，你就是作者，這些作品就是你的智慧財產，著作權受到保護。

小學低年級生的學習重點

- 了解著作權的概念。
- 知道創作者享有哪些權利、負有哪些責任。
- 在日常生活中應用著作權的觀念。

如果孩子不知道什麼是「著作權」，跟他們解釋：著作權是一種法律觀念，保護作者對個人創作物的擁有權。然後用下面這個小故事，向孩子解釋相關的概念：

小怪獸堂堂拍了一張怪獸大遊行的照片，這張照片現在是他的「智慧財產」了。

他把這張照片貼在自己的網站上，但是沒有註明「授權」條款，表示這張照片受一般的「著作權」保護。過了幾天，堂堂看見他拍的這張照片出現在怪獸比薩店的廣告上，但是沒有「歸功」給他！而且怪獸比薩店根本沒有問他可不可以用這張照片。堂堂很生氣，因為這是「剽竊」！

不論是紙本還是數位的作品，作者對於作品的「著作權」都受到保護，在一般情況下，如果你想使用別人的作品，必須得到作者同意。「授權」是指作者個人可以選擇想要哪一種著作權保護，決定對本作品引用、分享、變造或重製販賣的限制要多寬鬆或多嚴格，例如你可以在作品下面註明「歡迎轉載」、「未經授權請勿轉載」或者「禁止轉載」。「歸功」是恰當的標示出所利用作品的資訊。當你沒有恰當歸功給作品的原創者，那就成了「剽竊」，剽竊是一種偷竊的行為。

解釋完這些概念以後，跟孩子討論：小怪獸堂堂的作品被剽竊了，現在他應該怎麼辦？他也許可以找到怪獸比薩店的老闆，請他們把照片撤下來，或者在照片下方歸功給自己。他可以在自己的網站上加註授權條款，以避免這樣的情形再度發生。請孩子想一想，他會怎麼做？

討論完以後，可以邀請孩子再進一步思考，他希望怎麼保護自己的作品？他已經二年級了，有很多創作機會。問問他：

- 如果別人想引用你寫的文章，你同意嗎？
- 如果別人想變造你拍的照片，你同意嗎？
- 如果別人想大量印刷你畫的圖畫去販賣，你同意嗎？

如果孩子一時之間沒有想法，爸爸媽媽可以提點他們：「是不是只要註明出處，就可以引用你的文章？」「如果他們只是在你拍的照片上面加文字，這樣可不可以？」

學會怎麼保護自己的作品以後，也別忘了提醒孩子，他們是否曾經使用網路上找到的圖片，或是摘錄網路上看到的文章？身為一個創作者，我們都享有作品被保護的權利，但也應該負起尊重別人作品的責任。

假設你正在寫一篇關於「中華職棒史」的報告，在網路上找到一張中華職棒的球員在一場比賽開始前對著國旗唱國歌的照片，你很想用這張照片，但是要怎麼知道能不能用呢？

告訴他們，在使用這張照片前，他們應該先找出這張照片的授權條款，了解他們需不需要取得原創者同意。如果授權條款允許他們引用這張照片，他們應該在作業裡註明這張照片的拍攝者。如果這張照片沒有許可條文，就表示這張照片受一般著作權保護，他們應該聯絡創作者，確定自己可以使用這張照片。

最後，用以下這個例子，讓孩子判斷這種情況可不可以：

小怪獸呱呱正在做一個「水從哪裡來」的報告，他在網路上找到一個水資源網站，就把其中一篇文章複製下來，但是改了幾個字，讓這篇文章讀起來像他自己的口氣。

你覺得這樣可以嗎？

家有小學中年級生

眼見不為憑！

小學中年級生的學習重點

- 辨認經過數位變造的照片或影片。
- 指出人們變造照片或影片的理由。
- 分析經過變造的照片或影片，推測發表者的動機。

網路上有很多照片，甚至影片，都經過數位變造，而且我們常常很難分辨哪些圖片是真的、哪些是假的。引導孩子思考：為什麼有人會發表變造過的影像呢？

小時候，我曾經在雜誌上看過一張柳橙的照片，照片裡柳橙切面的每一瓣果肉顏色都不一樣，好像彩虹一般。當時我以為那張照片是真的，並且很期待有一天能吃到彩虹柳橙。後來，當我知道那張照片是經過電腦變造的時候，非常失望，覺得受騙了。

當然，把柳橙切面的照片變造成七彩的動機不是為了騙人，而是為了表現創意與吸睛。但是，小學生就應該知道有電腦修圖這種技術，並且去思考為什麼有人要變造照片來發表。有時候這個原因很明顯，就是要讓照片變得更有趣引人：時尚雜誌可能會把封面模特兒的身材修得更完美，攝影師可能會把作品中的月亮修得更大更圓，網路紅人也可能把自拍照的背景修成在空中或是在水裡，這都是為了吸引人們的目光。

廣告攝影就是一個常見的例子，例如化妝品廣告常把人的皮膚修得更漂亮、氣色修得更紅潤，說服消費者去買這項化妝品。當然，修圖不一定涉及廣告目的，很多人會把爺爺奶奶的舊照片掃描後保存，而為了讓影像更清晰，他們可能會用修圖的方式除去照片上的摺痕或污漬，並調整色彩對比度。不論是為了讓照片變得更有趣、更引人或是更清晰，都算是單純的動機。

但有時候，修圖的背後動機很複雜，甚至可能涉及欺騙的目的，意圖讓人相信一張假造的照片是真的。一個分辨方法就是觀察修片的痕跡，如果一張照片被修得很誇張，或者修圖痕跡很明顯，例如把一個老虎頭合成在一隻鸚鵡身上，那麼這張照片多半是為了博君一笑的創意作品。但有些照片做得很逼真，讓人幾乎看不出來有修圖，那麼合成這張照片的動機可能不單純。

不但照片可以修圖，影片也可以變造。YouTube上就有一個知名的「剪接王」扎克・金（Zach King），他創作了一支流傳很廣的影片[45]，片中一個女生拿水球扔向一個男生，男生身上的橘色背心立刻變成藍色。這不是神奇的橘色背心遇水變藍，而是用後製技術變造的影片。他還創作了另一支影片[46]，是他自己跑步衝向一輛行駛中的車子，結果沒有被車子撞上，而是從車窗跳進

45 扎克金（Zach King）：*How To Change Your Shirt*，暫譯《如何換衣服顏色》。YouTube: https://youtu.be/DLcKDq5FpFk，2014年8月16日。

46 扎克金（Zach King）：*How To Hitchhike Vine*，暫譯《如何截車》。YouTube: https://youtu.be/TttDafkNzWA，2014年4月19日。

車裡。這也不是他有什麼超能力，而是用後製技術變造的影片。

展示這幾個例子給孩子看，告訴他們：變造照片或影片的原因有很多，從搞笑、吸睛到廣告、甚至欺騙都有可能。然後請他們說說對於變造影像的看法，他們覺得變造照片是可以的嗎？或者要視情況而定？視什麼樣的情況呢？

家有小學高年級生

讀懂網路文章並評估可信度

孩子們跟我們一樣，從許多不同的管道接收新聞。但研究指出[47]，兒童並不善於解讀他們看到的新聞素材。要幫助孩子讀懂網路新聞，可以從指導他們了解新聞網站的結構開始。

了解世界上正在發生的事不但重要，而且有趣，但是查閱網路新聞常伴隨陷阱：有些廣告可能會混在新聞中間，使人迷惑；甚至還有完全偽裝成新聞的假消息。我們可以跟孩子一起讀網路新聞，跟他們討論一個新聞網站的

47 羅伯（M. Robb）：*Our New Research Shows Where Kids Get Their News and How They Feel About it*，暫譯《我們的新研究顯示兒童從何處取得新聞以及如何感受新聞》。常識媒體（Common Sense Media），2017年3月7日。

標準結構，提醒他們在網路上看新聞時，要隨時注意自己看了什麼。

首先，你在看什麼網站？瀏覽器最上方會顯示網址，看網路新聞時，要先檢查網址，確定你不是在山寨網站上。

小學高年級生的學習重點

- 看懂新聞網站的版面及各欄位的目的。
- 分析一篇網路新聞的文章結構。
- 認識在看新聞網站時需要提高警覺的內容，例如商業贊助或廣告。

然後，這則新聞的標題是什麼？新聞標題通常用粗體大字放在文章的最上方，目的是點出這則新聞的主旨。但也有些誇大吸睛的誘餌式標題，目的在於引誘讀者點閱，點進去後看到的常常不是新聞而是廣告，要小心分辨。如果你看到一個吸睛的標題，點進去之後發現內容跟標題無關，請馬上離開，因為這很可能是惡意內容。

多數新聞網站都有不同的分類，方便讀者檢索自己感興趣的文章類型。一般新聞網站通常都有國內新聞、國際新聞、地方新聞、家庭生活、民意社論等幾個分類，大同小異。提醒孩子，「民意」、「社論」一類的文章，陳述的是作者個人觀點，不是客觀事實。

每篇新聞文章的標題下面都應該有記者的署名，以及該文章的上架日期。沒有記者署名和上架日期的新聞，很可能不可信。

多數新聞文章都會搭配圖片或影片，幫助讀者更了解發生了什麼事，但對於太誇張、太瘋狂、或是明顯合成的照片，要提高警覺。這些照片下面經常有一行小字：「示意圖、非當事人」，表示這張圖片並非與新聞事件直接相關。

當你在新聞網站上讀一篇文章時，許多網站都會在該文章的左側或下方推薦「延伸閱讀」、「其他你可能有興趣的文章」，這些網站推薦的文章可以幫助我們更了解自己正在閱讀的議題，但也可能有廣告或其他非新聞性質的內容夾雜其中，應該避開。

最後，新聞網站上除了新聞報導文章，還有一種「商業贊助」文章，是包裝成報導的廣告，目的在於吸引點閱、販售商品或服務。這些文章不能作為可信的消息來源。

告訴孩子，了解一個新聞網站的版面與網路新聞文章的結構相當重要，因為這可以幫助你讀懂文章、了解哪些是新聞的一部分，哪些不是、判斷一則訊息是否可信、辨認新聞與廣告的差別。這樣，我們在網路上找資料的時候，才能確保自己找到的資料可靠。

網路上充滿了可疑的資訊，謠言、不實訊息、徹頭徹尾的謊言、或所謂的假新聞都層出不窮。教孩子看懂新聞網站的版面以後，可以引導他們近一步深掘：假消息為什麼會出現在網路上？我們怎麼去評估自己在網路上看到的消息是真是假？

小學高年級生的學習重點

- 分析人們在網路上發布虛假或誤導性訊息的理由。
- 辨認假新聞跟可信的新聞。
- 練習評估網路新聞的可信程度。

玉米是一種普遍的食物，很多人喜歡，在很多地方採玉米也是受歡迎的家庭休閒活動。但網路上曾經流傳「甜玉米有毒」的誤導性文章，不但許多新聞網站轉載，YouTube上也有相關影片。

這則誤導性消息廣為流傳的時間是在二〇一五年間，所以在那之後入學的孩子應該沒有看過這則消息。試著問問孩子：如果你在網路上看到一篇「甜玉米有毒」的報導，你會怎麼想？你相信嗎？甚至可以用關鍵字「甜玉米有毒」搜出這則消息給孩子看，問問他相不相信？

然後告訴孩子，「甜玉米有毒」已被證實為不實資訊，網路上還有很多像這樣不可信的消息，主要可分為三大類：帶有偏見的評論文、意在惡搞的反串文、純屬虛構的假消息。「甜玉米有毒」就是一個純屬虛構的假消息。

反串文則是以一個或多個「假帳號」，散佈令人迷惑的消息。例如，林先生支持甲政黨，卻在網路上用假帳號偽裝成乙政黨的支持者、用苛薄的言論批評甲政黨，激起甲政黨的支持者憤怒，這就叫做反串。

評論文通常看似有理，所以可信度最難分辨，為了找出真相，你得做一些研究。首先，仔細閱讀，看看這篇文章是否符合常識。然後，分析這篇文章引用的消息來源是否可信。最後，試著找找看有沒有其他可信的來源，可以證實這則消息。

這個過程，就叫做「評估」。舉例來說，二〇一六年，美國舊金山市曾經提案把投票年齡下降到十六歲，但該提案最後未獲通過。有關這則新聞，以下摘譯兩個不同消息來源的文章，可以用來跟孩子練習評估：

文章一：Vox新聞網[48]

- 大標：讓十六歲孩子投票
- 小標：舊金山提案把投票年齡降至十六歲。其他城市應該跟進嗎？
- 作者署名：克羅凱特
- 摘要：舊金山一名十五歲學生建議應該將投票年齡降至十六歲，因為他認為青少年的聲音沒有獲得政客的重視。該建議備受關注，目前已經在市議會正式提案。

文章二：國家青年權利會[49]

- 大標：十個降低投票年齡的理由
- 小標：無
- 作者署名：無
- 摘要：降低投票年齡的好處有很多，投票是人權，不讓青少年投票是不公平的，降低投票年齡可以促進民主政治。

請孩子想一想，這兩篇文章，哪一篇較有參考價值？告訴他們，當我們檢視一則新聞的消息來源時，要特別注意這個媒體或網站的立場。因為有特定立場的網站，很可能對特定議題帶有偏見。以上述兩篇文章為例，Vox是一個偏自由派立場的新聞網站，但曾經多次獲新聞獎，被認為是有公信力的新

48 克羅凱特（Z. Crockett）：*The case for allowing 16-year-olds to vote*，暫譯〈讓16歲孩子投票〉。Vox新聞網，2016年11月7日。

49 國家青年權利會（National Youth Rights Association）：*Top Ten Reasons to Lower the Voting Age*，暫譯〈降低投票年齡的十個理由〉。網路資料：https://www.youthrights.org/issues/voting-age/top-ten-reasons-to-lower-the-voting-age/

聞媒體。國家青年權利會則是一個以爭取青少年參政權為宗旨的組織，對於這個議題可能帶有明顯偏好。

家有國中生

「合理使用」與突發新聞

國中生的學習重點

- 了解「著作權」、「公共領域」與「合理使用」的意義。
- 了解合理使用的原則。
- 將合理使用的原則應用在日常生活中。

升上國中以後，孩子不再只是網路內容的消費者，更是貢獻者。我們需要教他們三件事：合理使用網路素材，面對突發新聞應該採取什麼態度，以及辨認比假新聞更令人疑惑的假影片。

從小學一年級開始，孩子就應該建立起智慧財產權的觀念，並且了解擅自使用他人受著作權保護的創作內容不但不公平，而且違反法律。升上國中以後，可以進一步教育他們「公共領域」與「合理使用」這兩個觀念。

大部分的作品，包括文字、影像、音樂等，都受「著作權」保護，未經許可不得轉載或重製。著作權保護的年限依據世界各國或各地方的法令有所不同，而不再受著作權保護的作品就進入「公共領域」，內容可以被自由轉載或重製而不受限制。但是，就算是受著作權保護的內容，在特定情況下，也可以不經授權被「合理使用」，例如在影評或影視新聞報導裡引用一部電影的一小段內容是合理的。

學會了合理使用的原則，孩子們就可以在日常生活中加以運用。提醒孩子，想要引用網路上的內容時，記得先問問自己：「這算是合理使用嗎？」這個問題，可以從四方面來考慮：

一是目的。例如你很喜歡漫畫中的角色「黑豹」，就自己畫了黑豹，並把它印在T恤上拿來穿，這算是合理使用。但如果你把這部漫畫裡的原畫印在T恤上拿去賣，那就是盜版。

二是性質。例如你在期末報告中引用別人的文章，這算是合理使用。在學術報告、新聞報導等以傳播資訊為本質的媒介中，少量引用其他作品，都可被視為合理使用。

三是數量。例如你在學校作業的影片裡，剪接了一小段國家地理頻道的片段並註明出處，這算是合理使用。如果你把整支國家地理頻道的影片當成作業交給老師，那就是剽竊。

四是效果。例如擷取電影裡的鏡頭做成迷因圖是否侵犯版權，是法律界人士一直在辯論的問題：雖然是少量使用、且不涉及商業目的，但許多惡搞迷因圖會傷害電影的形象，因此有人主張用電影截圖做成迷因圖不應該被視為合理使用。

了解這四個原則以後，我們可以用一些比較複雜的例子，跟孩子一起練習思考：什麼樣的情況算是合理使用？

例如，音樂取樣。最近有一種現象在YouTube等影片分享社群網站上很風行：很多創作者會把流行歌曲的片段重新剪接成一支音樂錄影帶上傳，這就叫做音樂取樣。有些受歡迎的取樣影片甚至有數十萬點閱[50]，因此引發辯論：音樂取樣算不算合理使用？

跟孩子討論這個問題，鼓勵他們用以上四個原則去思考。由於雙方都有強而有力的辯證，這個問題迄今沒有定論，但我們一定要提醒自己：取用網路材料時，務必遵守合理使用原則。

國中生的學習重點

- 定義什麼是突發新聞，理解為什麼媒體都在競爭，搶當第一個發出消息的來源。
- 分析突發新聞，指出報導可能錯漏之處。
- 反省看到突發新聞就立刻轉發或評論的後果。

關於網路媒體素養，國中生需要學習的另一個重點是：面對突發新聞，應該該採取什麼態度？

智慧型手機時代來臨以後，閱聽人一週七天、一天二十四小時都能接收到新聞，新聞媒體也彼此競爭、搶快將突發新聞送到閱聽人眼前。現在的國中生沒有經歷過前智慧型手機時代的媒體文化，也還未能理解所有媒體都在搶快發獨家的後果是什麼，而這正是我們應該引導他們去思考的。

在成為教育記者以前，我跑過近十年犯罪新聞。這條路線的本質，就是永遠都在搶快，因為犯罪領域有很多突發新聞，而每一家媒體都在追求成為第一個發出消息的來源，以迎合閱聽人「想要第一個知道」的心態。我大學畢業的時候，還沒有智慧型手機這種東西。那時，在突發事件發生後的二十四小時內報導出來，就算是「突發新聞」，就可能搶到獨家。但隨著時代進步，拜新科技之賜，每個人隨時都能與世界聯繫，「突發新聞」變成正在發生、或至少是剛剛發生的事。

但我們卻很少去思考，搶快的後果可能是什麼。以下是一則虛構的突發新聞，可以用來跟孩子練習相關的思考：

---

50 耳朵蟲（DJ Earworm）：*Summermash 2020*，暫譯《2020 夏日金曲》。YouTube，2020 年 8 月 13 日。

- 半小時前，怪獸市最大新聞臺怪獸電視的跑馬燈：「獨家消息：怪獸市議會已通過決議，將關閉大怪獸公園！本市最大的綠地即將消失！」
- 十九分鐘前，某怪獸市議員的臉書：「因為大怪獸公園維護經費短缺，本席提案未來以公園周邊停車收費來補貼，稍早已獲市議會通過。市政府將短暫關閉公園以裝設停車收費器，並在裝設完工後重新開放公園。」
- 十分鐘前，環保團體網站：「本市最大的綠地即將消失！還記得小怪獸公園被拆除的時候，市政府承諾大怪獸公園永存嗎？竟然欺騙市民，我們絕不接受！必須抗爭到底！」

請孩子想一想，究竟發生了什麼事？怪獸電視臺發出的突發新聞正確嗎？然後提醒他們，看到突發新聞時，要留意三件事：首先，發出消息的媒體有公信力嗎？如果有待商榷，請先查閱可信的媒體，看看有沒有類似消息。其次，突發新聞當中有沒有缺漏信息？如果是明顯發展中的事件，並且有新聞報導尚未掌握的情況，最好不要立即評論或轉發。最後，報導在陳述突發新聞時是否帶有偏見？

以上述例子來說，雖然怪獸電視是一個有公信力的媒體，但它所發出的這則突發新聞顯然有缺漏，因為沒有記者採訪到市議會，聽聽議員們怎麼說。而環保團體網站所發出的聲明，是尚未掌握全盤情況、倉促之下對突發新聞做出的回應，加上該團體本來就對這件事抱有強烈立場，因此帶有偏見。

除了為搶快而有錯漏的突發新聞，還有一種故意假造的不實資訊，前面已有討論如何教小學生分辨假新聞，此處我們要繼續談如何引導國中生分辨比假文章更真偽莫辨的假影片。

國中生已經知道道聽途說不可信，但眼見也未必能為憑。今天，電腦成像、面部辨識及影像後製的技術，已經可以製造出幾可亂真的影片，讓世界相信一件從未發生的事真的曾經發生。

最近各式各樣的動物救援影片在社群媒體上很風行，YouTube上曾有一支「小豬救小羊」的影片紅極一時[51]，自二〇一二年上傳到本書寫作期間，已有超過一千萬次點閱。

跟其他爆紅的動物救援短片一樣，小豬從河裡救出羊寶寶的畫面讓人覺得好神奇、好暖心……但事實上，美國電視頻道喜劇中心（Comedy Central）稍後揭露，這是該電視臺在奧克蘭一個小動物園設計拍攝的影片[52]，羊沒有遇難，豬也沒有救牠，只是用一些技巧讓豬沿著人類安排的水道游過水塘，然後用鼻子把被固定在一個點的小羊推上岸，一切都是精心安排的演出。

國中生的學習重點

- 辨識假影音，並理解在社群媒體上散佈假影音的後果。
- 如何橫向求證，知道自己在網路上看到的影音是不是真的。

我們不知道在網路上還有多少影片是假造的，但可以跟孩子討論：如果他發現這樣一支好溫暖好感動的影片竟然是假的，會有什麼感覺？

網路上的訊息那麼多，我們吸收訊息的速度那麼快，因此很容易受到誤導。告訴孩子，這就是為什麼，我們要學習辨別假影片的策略。YouTube教學頻道CrashCourse提出的橫向閱讀策略[53]就很值得參考。

資訊不會憑空產生，都是由人創造的。所以，當我們看到一則訊息時，第一個要問自己：「是誰、為什麼創造這則訊息？」如果我們用垂直閱讀的方式，就是把同一個消息來源提供的資訊從頭讀到尾，就很容易被蒙蔽。我們必須用水平閱讀的方式，也就是閱讀多個不同消息來源對同一件事的詮釋，才能更接近事實的樣貌。

例如，上述「小豬救小羊」的影片雖然幾可亂真，但如果我們用關鍵字稍微搜尋一下，就會找到《紐約時報》[54]、《赫芬頓郵報》[55]等多個媒體揭露該影片是假造的報導。

---

51 jebdogrpm：*Pig rescues baby goat*，暫譯《豬救了羊寶寶》。YouTube，2012年9月12日。

52 救援高手（Nathan for You）：*Petting Zoo Hero*，暫譯《動物園英雄》。喜劇中心（Comedy Central），2013年2月26日。

53 CrashCourse：*Check Yourself with Lateral Reading*，暫譯《用橫向閱讀來檢視自己》。YouTube，2019年1月22日。

除了這種精心拍攝幾可亂真的影片以外，近年來更出現「深假（deepfake）」技術，這是一種人工智慧影音變造技術，不但可以變造影片、把甲的頭接到乙的身體上，更可以讓人物的表情唇形切合對白，讓觀眾以為乙的言論及行為是甲所為。

二〇二〇年初，臉書全球政策總經理比克特（Monika Bickert）曾召開記者會，宣布臉書旗下社群媒體將禁播深假影音。但英國《衛報》[56]及美國國家廣播電臺的時事評論家皆對臉書禁播深假影音的效果感到懷疑，閱聽人仍然需要使用自己的判斷力及事實查核能力，對惡意變造的影音提高警覺。

---

54 伊茨科夫（D. Itzkoff）：*Really Cute, but Totally Faked*，暫譯〈很可愛，但很假〉。紐約時報：2013年2月26日。

55 莫斯卑爾根（D. Mosbergen）：*Viral Video 'Pig Rescues Baby Goat' Revealed As Fake After 'Nathan For You' Admits To YouTube Hoax*，暫譯〈「救援高手」坦承爆紅影片《豬救了羊寶寶》是假造的〉。赫芬頓郵報：2013年2月26日。

56 森普（I. Sample）：*What are deepfakes—and how can you spot them?*，暫譯〈什麼是深假，你如何辨認它們？〉衛報：2020年1月13日。

家有高中生

挑戰確認偏差，踏出同溫層

人類的大腦善於使用過去的經驗迅速做出決定，這種本能可以幫助我們趨吉避凶，但也會因此產生偏見。我們的大腦會自動選擇性接收資訊，並以過去的經驗來解讀新資訊，因此既有印象不論是正確還是錯誤，都會不斷被加強，這就叫做「確認偏差」。如果我們放任自己接受確認偏差的引導，我們就無法對事實產生正確認識。

高中生可以從閱讀網路新聞開始練習，檢

高中生的學習重點

- 什麼是確認偏差，以及確認偏差是怎麼產生的。
- 從新聞或網路資訊中，探索確認偏差的實例。
- 找到方法挑戰自己的確認偏差。

視不同意見並挑戰自己的偏見。

以下有三個例子，都是在二〇二一年間網上引發熱議的訊息：

- 日本將全面禁用微波爐。
- 最新的iPhone將有全息投影功能。
- 澳洲護照將有三種性別選項。

請孩子猜一猜，這三則訊息，哪些是真的？哪些是假的？根據常識媒體做的非正式統計，多數人都以為「最新的iPhone將有全息投影功能」是真的，因為聽起來最「科學」，也符合多數人既有認知。但事實上，前兩則都是假的，只有「澳洲護照將有三種性別選項」是真的。這是一個簡單的例子，告訴我們確認偏差是如何運作的。而偏見一旦產生，就難以消除；面對一個有偏見的人，想要讓他改變主意，僅僅提出事實證據並不足夠。

我們需要對偏見提高警覺，因為偏見會引導我們去看、去聽我們想要相信的事，使我們愈來愈偏離事實[57]。

人們傾向散佈情緒衝擊力大的消息而非經過嚴謹查證的事實，在社群媒體上，閱聽人傾向相信有很多「讚」跟「分享」的圖文，是因為這些圖文的情緒衝擊力大，而非因為這些圖文有嚴謹的陳述。這是人性，也是為什麼確認偏差的影響這麼大[58]。

科學家認為，幼兒在面對難以接受的事件時，會用幻想的方式來減輕壓力。成人在面對難以接受的新聞時，也會想出一套自己的解釋方式，這就是確認偏差的根本成因。雖然這樣做可以暫時紓緩我們因看到自己不想接受的新聞而產生的焦慮感，但卻不是治本之道。心理學家建議，多把自己暴露在「異溫層」下，練習接受不同觀點，才有利心理健康[59]。

---

57 尼漢（B. Nyhan）等：*Defining Confirmation Bias*，暫譯〈定義確認偏差〉。面對歷史及自我基金會（Facing History and Ourselves），2019年。

58 史密斯（J. Smith）：*Your Confirmation Bias Is Showing*，暫譯〈你的確認偏差正在顯現〉。Medium 網誌，2018年11月6日。

59 赫斯（P. Hess）：*Scientists Discover Simple Psychological Tools to Battle Fake News*，暫譯〈科學家發現簡單方法對抗假新聞〉。Inverse 科學新聞網，2018年8月13日。

有很多方法可以幫助我們檢視自己的確認偏差。我們可以重新認識並練習質疑自己的價值觀與信仰、在看到新消息的時候試著不要用自己的既有知識去判斷，而設法從其他消息來源來佐證、發現自己對一則新聞深信不疑的時候，試著自問：「我為什麼相信這則報導？是因為它講得合理，還是因為它符合我的既有經驗？」

跟孩子討論：上述方法，他們覺得哪些可以採用？或者，他們希望採用什麼其他的方法，來挑戰自己的確認偏差？

網路上的資訊多種多樣，除了網路新聞，還有網路廣告。網路廣告更經常偽裝成網路新聞，對於不實資訊的散佈產生巨大作用。

我從事新聞工作十幾年，深知一個優秀的新聞編輯是多麼重要——優秀的新聞編輯會下好的標題，幫助記者說出重點、幫助讀者消化訊息、幫助業主衝高發行量。然而廣告標題跟新聞標題不一樣——廣告標題的目的只有一個，就是吸引閱聽人點擊，這種標題，是「誘餌式標題」。誘餌式標題也能幫廣告商衝高點閱率，但是不能幫讀者消化訊息，也不能幫記者說出重點，很多時候甚至用誇大不實的訊息來引起注意。我們可以幫助家裡的高中生，學習分辨真正的新聞、實在的廣告、誇大不實的誘餌式標題三者之間的區別。

高中生的學習重點

- 了解廣告商與網路媒體如何從網路廣告中獲利。
- 了解誘餌式標題如何助長不實資訊的傳播。
- 從不同方向來考慮：哪些人應該負起責任、打擊假新聞。

公路旁的大型看板、新聞網站上的購物連結、社群媒體上的「贊助商」內容……這些都是廣告，目的在推銷。廣告最常出現的一個地方就是網路，網路廣告以彈出視窗、文章邊欄、社群媒體貼文……等各式各樣的形式出現。這些廣告並非憑空出現，而是有人被雇用製作，這些人就是廣告商。

廣告商如何收費？一般有兩種方式：一是點擊數，當有人點擊這則廣告，廣告商就能得到報酬。二是閱覽數，當有人看到這則廣告（通常是隨附在網頁旁邊），廣告商就能得到報酬。

由於這些廣告帶來的商機，有一種「假新聞網站」應運而生[60]。這些假新聞網站看起來跟真的新聞網站很像，但是充滿了不可思議的假新聞，目的是吸引人們點閱，以便賺取數位廣告收益。

用以下這個情境，跟孩子一起練習思考：

大怪獸阿強經營假新聞網站《怪獸郵報》，他在《怪獸郵報》上貼滿奇特吸睛的標題來吸引點閱，每次有人點開這些標題來看裡面的內容，阿強就可以賺到錢。但是這些內容都是瞎掰的，主要目的是讓點閱人看到附在文章旁邊的廣告。阿強的假新聞寫得很精彩，很多文章都有百萬次點閱，還被許多怪獸在社群媒體上分享。

請孩子想一想：你覺得網站的經營者有權利用假新聞來騙取點閱率並從中獲利嗎？這些假新聞被散佈，誰該負責？是阿強、是點閱並分享這些假新聞的小怪獸、還是雇用阿強製作假新聞的廣告主？

再想一想：如果阿強把賺來的錢捐給慈善事業呢？如果阿強的假新聞害一個無辜的怪獸被冤枉呢？這些情況會改變你的想法嗎？

最後提醒孩子：在課堂上或在家裡討論這些問題的時候，我們都會覺得自己一定不至於被假新聞所騙，但在真實的網路世界裡，每天都有人被假新聞欺騙。這是由於「同溫效應」的影響。

高中生的學習重點

- 「同溫層」的定義及其是如何產生的。
- 反省同溫效應造成的視野侷限與缺點。
- 找出方法踏出自己的同溫層。

我們常常從社群媒體上得到新聞，但是這些片段的資訊只會呈現部分的真實。社群網站的演算法，會根據我們的交友情形來判斷我們的價值觀，對我們推送認同的觀點。如果我們不能幫助孩子踏出同溫層，他們就會長成心

60 英國廣播公司世界新聞（BBC World News）：*How Do Fake News Sites Make Money?*，暫譯〈假新聞網站如何賺錢？〉。英國廣播公司，2017年2月10日。

胸狹隘而自以為是的人。

問問孩子，知不知道「同溫層」這個名詞？告訴他們，其實我們每個人都或多或少生活在同溫層裡，我們每天接收到的訊息，其實並不能反映出這個世界的真實樣貌。網路時代來臨以後，同溫效應更加顯著，因為網路會使用「演算法」來強化同溫層的效應，加強我們既有的經驗與信仰。包括Google、YouTube、Snapchat……等網站，都搜集了很多用戶的個人資訊，再用該網站的演算法，找出他們認為你會想看的內容，然後推送給你看[61]。

網路世界裡的同溫效應已經存在很長一段時間，致力於呼籲科技為民主服務的作家及運動家帕里澤（Eli Pariser）在十年前就對這種現象提出警告[62]，他在二〇一一年的一場TED演說中表示，他第一次意識到有同溫層，是因為注意到自己臉書塗鴉牆上保守派朋友的貼文都不見了。當他發現這是由於臉書根據他的自由派傾向而自動「過濾」掉這些貼文時，覺得這是個大問題。

帕里澤以均衡飲食來比喻網路資訊：重要的訊息是蔬菜，我們想看到的訊息是甜點。如果一個人只吃甜點，不吃蔬果，漸漸就會變得很不健康，而演算法正在大量餵食資訊垃圾給所有的閱聽人。他並呼籲谷歌、臉書等科技巨頭在使用演算法達成商業目的的同時，也應該負起社會責任，讓閱聽人有機會掌控自己希望獲得的資訊。

同溫效應的問題包括：阻止閱聽人接收多元化的觀點與訊息、閱聽人不會意識到自己正在接收單方面的觀點與訊息、閱聽人的思維會日益僵化，漸漸失去接收新資訊與獨立思考的能力。

告訴孩子，雖然不容易，但還是有很多方法可以踏出同溫層。例如：主動查閱那些經常跟你意見相左的朋友的貼文、對你反對的貼文按讚來「愚弄」演算法。

---

61 有線電視新聞網商業臺（CNN Business）：*How Social Media Filter Bubbles Work ?*，暫譯〈社群媒體同溫層是怎麼運作的？〉。有線電視新聞網，2016年12月19日。

62 帕里澤（E. Pariser）：*Beware Online "Filter Bubbles"*，暫譯〈當心網路「同溫層」〉。TED演講，2011年3月。

然後，鼓勵孩子檢視他的社群媒體或其他經常造訪的網站頁面，試著判斷：哪些內容是系統基於你的使用偏好推送給你的？想一想，你可以怎麼突破這一層同溫層，「引入」一些平常看不到的貼文到自己的社群媒體頁面？

結語——

從今天開始教養數位好公民

二〇二二年五月底，學期結束前幾天，德州小鎮尤瓦爾迪（Uvalde）一名高中男生持槍闖入當地小學校園，隨機掃射，釀成包括十九位小學生和兩位老師共二十一人死亡的悲劇，槍手本人稍後也遭警方擊斃。

本案震驚美國社會，隨著調查展開，警方發現這名高中生在持槍闖入小學掃射前幾天，曾經透過社群媒體持續騷擾多位女同學，威脅要展開攻擊，並貼出自己持槍的照片，配以令人心驚的文字「沒有其他方法可以解決我的問題了」。但是被騷擾的女生都沒有告訴家長或老師，更沒有報警處理。其中一位女生接受採訪時說：「我以為在網路上本來就是這樣……大家都隨便亂講，不理他就好了。」

這麼短的一個採訪，卻在那麼多方面讓我心痛不已：我心痛那個顯然有心理問題的高中男生，求救訊號沒有被看見，最後以持槍濫殺無辜為情緒出口，自己也送了命。我心痛那沒有機會長大的十九個小學生，和更多飽受威嚇的生還者，他們就算保住一命，心上的創傷永難平復。我心痛那個高中女生說的那句話：「在網路上本來就是這樣，大家都隨便亂講。」

在網路上不應該「本來就是這樣」。不是使用網路就非得放棄隱私、被仇恨言論霸凌、或被網路謠言牽著鼻子走。不是躲在螢幕後面就可以騷擾別人、發表苛薄的言論、或散布假訊息。所有在現實世界中不被允許的事，包括威脅、傷害、霸凌別人，在網路世界裡也不能被允許。

如果被尤爾瓦迪槍手騷擾的女生當中，只要有一個人通報在社群媒體上看到的仇恨威脅言論，事情的結果，也許就會不一樣。

無可奈何的是，人生沒有如果。仍有可為的是，我們可以從現在開始，養成下一代的數位好公民，阻止下一次的悲劇。

今年是二〇二二年。這個年代的教養任務，就是這樣充滿挑戰：我們的孩子正在面對我們從未處理過的事情，而身為家長的我們，正在想辦法指導孩子面對我們在他們這個年紀時根本無從想像的事情。

在我寫這本書的兩年間，國內外發生了幾件廣受社會大眾關注的事件：

- 新冠疫情爆發，全球停課不停學。兒少使用螢幕時間顯著增加，世界衛生組織警告需注意成癮問題。
- 美國白人至上組織透過暗網集結，佔領國會企圖顛覆政府。
- 紀錄片《哈特家族的悲劇》（暫譯，*The Hart Family Tragedy*）上映，揭二〇一八年網紅同性伴侶攜六子自殺始末。
- 受到輿論壓力，臉書暫停推出ＩＧ兒童版計畫。
- 中國立法規定兒少週間不得打網路電玩，否則開罰家長，引發熱議。
- 抖音海外版挑戰活動失控，「矇眼挑戰」、「自焚挑戰」等導致多名兒少玩家身亡；「打老師挑戰」致多名老師被打成傷。
- 新冠肺炎疫苗問世，網路上出現大量未經證實的「兒童施打新冠疫苗致死」消息。

- 元宇宙興起，規定「成人限定」的Horizon Worlds卻頻繁遭玩家投訴稱被未成年玩家騷擾。
- 俄烏戰爭爆發，網路資訊戰同步開打。

這些喧騰一時的新聞事件，都發生在二〇二一年初到二〇二二年中。短短一年半就發生這麼多事，真令人有「天啊，（可怕的）數位時代正撲面而來！」之嘆。這種震撼，跟我同齡的家長感受想必特別深刻：我們之中多數人都是上了高中以後才接觸網際網路，但我們的孩子都是誕生在網路時代的數位原住民。我們想要教育孩子在數位時代做個懂尊重他人、能保護自己的數位好公民，但我們自己其實也在摸索中。

這本書，就是我——一個跑教育新聞的記者媽媽——大膽摸索，細心研究的成果。好消息是，數位時代的種種教養難題看似排山倒海而來，實際上卻可以用六個很簡單的教養原則加以破解：平衡線上與線下生活、保護隱私、經營數位足跡、人際關係、對抗霸凌、識別謠言。其中大部分原則，不論在

「元宇宙」還是在「真實宇宙」裡，都是不變的。

回頭來看看上面幾個曾經轟動一時的新聞事件。平衡線上與線下生活，可以解決螢幕成癮問題，也毋需靠政府開罰家長來限制兒少玩網路；兒少版IG爭議其實就是隱私保護問題；懂得經營數位足跡，就不會玩抖音挑戰玩到喪命；懂得對抗霸凌與仇恨言論，就不會被網路仇恨團體吸收；懂得識別網路謠言，就不會把在肯亞暴動中兒童遭踩踏重傷的影片當作疫苗副作用影片任意轉傳。

再來看看尤瓦爾迪槍擊案。一個普通的高中生，在看到網路上有人威脅要持槍攻擊當地小學校園時，可能會忽視這則惱人的貼文，「不理他就好了」。但是一個具有數位公民素養的高中生看到相同訊息，會懂得採取恰當的措施。

有數位公民素養的孩子，會知道網路世界也應該是一個安全的地方，明白維護虛擬世界的安全是每一個人的責任，看到自殺或殺人威脅會嚴肅以對，而且懂得用適合的管道通報。例如一九九九年的科倫拜高中事件[63]以後，科羅拉多州政府成立的Safe2tell通報系統，在網路時代來臨以後已經逐漸轉型為通報網路危險事件的系統，在二〇一八到二〇一九年間通報最多的三大類事件分別為網路販毒、網路霸凌、自殘言論，其中多達一萬九千例有效引導當局採取行動，阻止悲劇。

有數位公民素養的孩子，在網路上看到過激的仇恨或歧視言論，會懂得提高警覺，會挺身而出與被害者站在一起，不只是幫助別人，也是幫助自己，讓自己所處的網路世界變成一個更好的地方。他們會懂得用安全的方法採取行動，視情況公開支持或私下安慰被害者。

有數位公民素養的孩子，懂得適時與家長討論自己的擔憂。新書《螢幕之後：青少年正面對的和家長所忽視的》（暫譯，*Behind Their Screens: What Teens Are Facing (And Adults Are Missing)*）作者嘉麗・詹姆斯（Carrie James）就指出：「很多時候，青少年很容易忽視分辨開玩笑、求救訊號、暴力威脅的差別。」孩子在網路上看到奇怪的訊息，不一定總能分辨無害的笑話與惡意的威嚇，但他們不會猶豫跟爸爸媽媽討論。

前提是，讓我們先做個有數位公民素養的大人。讓我們一起幫助孩子了解：現有的系統可以確保他的安全，而且他可以在其中發揮作用。給孩子信心，讓他知道：不論是在現實生活中還是在虛擬世界裡，他都可以採取行動幫助他人，保護自己。這就是數位公民教育的意義所在。

63 一九九九年，科羅拉多兩名高中生持槍衝進科倫拜高中校園，殘殺了十二位同學和一名老師，隨後雙雙舉槍自盡，開美國校園槍擊案之濫觴。

附錄——

《數位小公民養成記》搭配使用對照表

數位小公民養成記	數位教養	
1 小怪獸跟平板說晚安	Chapter 1 家有學前兒 平衡最重要	22
2 小怪獸去網路世界玩	Chapter 2 家有學前兒 上網的三個原則	68
3 小怪獸家的無螢幕時間	Chapter 2 家有小學低年級生 覺察自己的感受，制定無螢幕時間	25
4 小怪獸的「腳印」	Chapter 3 家有小學低年級生 什麼是數位足跡	119
5 小怪獸的責任圈	Chapter 4 家有小學低年級生 你的網路社區裡有誰	160
6 小怪獸學會用腦與用心	Chapter 5 家有小學低年級生 終止網路惡意	200
	Chapter 6 家有小學高年級生 讀懂網路文章並評估可信度	251

國家圖書館出版品預行編目（CIP）資料

數位教養：記者媽媽的聰明教養提案／曾多聞著 . -- 初版 . -- 新北市：字畝文化創意有限公司出版：遠足文化事業股份有限公司發行 , 2022.09
288 面；14.8×21 公分
ISBN 978-626-7069-93-6（平裝）
1.CST: 網路媒體 2.CST: 資訊素養 3.CST: 親職教育
541.83 111011057

XBED0009
數位教養：記者媽媽的聰明教養提案

作　　者｜曾多聞

字畝文化創意有限公司
社　　長｜馮季眉
責任編輯｜黃于珊
編　　輯｜戴鈺娟、陳心方、巫佳蓮
封面設計｜兒日設計
封面插畫｜AHCHEN
內頁設計｜張簡至真

讀書共和國出版集團
社　　長｜郭重興　發行人兼出版總監｜曾大福
業務平臺總經理｜李雪麗　業務平臺副總經理｜李復民
實體通路協理｜林詩富　網路暨海外通路協理｜張鑫峰　特販通路協理｜陳綺瑩
印務協理｜江域平　印務主任｜李孟儒

出　　版｜字畝文化創意有限公司
發　　行｜遠足文化事業股份有限公司
地　　址｜231 新北市新店區民權路108-2號9樓
電　　話｜(02)2218-1417
傳　　真｜(02)8667-1065
電子信箱｜service@bookrep.com.tw
網　　址｜www.bookrep.com.tw

法律顧問｜華洋法律事務所　蘇文生律師
印　　製｜中原造像股份有限公司

2022 年 9 月　初版一刷　定價｜380 元
ISBN｜978-626-7069-93-6　書號｜XBED0009